Ingrandimenti

Simona Atzori

COSA TI MANCA PER ESSERE FELICE?

MONDADORI

Dove non diversamente indicato, le foto sono di proprietà dell'autrice.

Cosa ti manca per essere felice?
di Simona Atzori
Collezione Ingrandimenti

ISBN 978-88-04-61145-5

I edizione ottobre 2011
Anno 2013 - Ristampa 10 11 12 13 14

Indice

15 Il sogno
19 La prima danza
22 Le sue braccia sono rimaste in Cielo
26 Io posso danzare
28 L'altalena
34 Debutto
41 Il colore rosso
47 Io posso scrivere
49 La danza di luce
53 Koumpounophobia
58 Anna
66 Io posso darmi la forma che voglio
68 17 gennaio 1991
73 Roma ci attendeva
78 Un uomo chiamato papa
82 Solo un'amica
88 Io posso difendermi
90 Il cielo del Canada
102 Volo d'amore
107 Io posso essere Simona
109 Un angelo in libera uscita
112 La danza dei 25.002
116 Io posso lavarmi i capelli
118 Perché sei felice?
121 Attesa d'amore

125 Io posso volare
127 Fly for Life
130 Le mie mani
133 Io posso essere felice
135 Gli amici
138 Il mio migliore amico
142 Io posso sorridere in tanti modi
144 L'uomo che volava
147 L'albero magico
152 Io posso stringere la mano
154 Libera
159 Sono un girasole
163 Danza di libertà
173 Io posso stupirmi
175 Ricomincio da *Me*
185 *Ringraziamenti*

Cosa ti manca per essere felice?

A mamma e a papà,
per aver scelto di accogliere il dono
della mia vita
con la semplicità dell'amore,
e per scegliere ogni giorno
di valorizzarla insieme a me.

A mia sorella Gioia,
per avermi desiderata, ispirata,
amata e sostenuta sempre,
e per avermi resa zia, insieme a Earl,
dei miei tre nipotini,
Matthew, Sophia e James.

Ad Andrea,
perché il nostro amore è il dono
che la vita ci ha voluto offrire,
perché ora sappiamo che abbiamo
sempre volato nello stesso cielo.

A Eleonora, Manuele, Davide,
perché quel nostro "amore gratuito"
cresca sempre più forte.

Le sue braccia sono rimaste in Cielo, ma
nessuno ha fatto tragedie.

CANDIDO CANNAVÒ, *E li chiamano disabili*

Io non c'ero una volta. Io ci sono adesso.

E la mia non è una favola, è uno spettacolo di vita.

Amo l'arte perché mi consente di comunicare direttamente, sotto il filo della coscienza, di accedere al linguaggio della pelle d'oca, della pancia, delle strette allo stomaco, delle lacrime e del sorriso. Quel linguaggio è come un abbraccio: universale. Non importa se hai le braccia o non le hai, se sei lunghissimo o alto un metro e un tappo, se sei bianco, nero, giallo o verde, se ci vedi o sei cieco o hai gli occhiali spessi così, se sei fragile o una roccia, se sei biondo o hai i capelli viola o il naso storto, se sei immobilizzato a terra o guardi il mondo dalle profondità più inesplorate del cielo. Un abbraccio – di quelli veri, non bisogna barare – è un abbraccio e nient'altro.

La tua arte parla per te al di là di tutto. Racconterà chi sei, indipendentemente da quello che gli altri vedono. Indipendentemente da quello che gli altri vogliono vedere.

La vista è un senso sopravvalutato. E se lo dico io che sono una ballerina e una pittrice potete credermi.

Io non c'ero una volta, però un inizio ci vuole.

Ed è questo:

Tutto comincia da un sogno.

Il sogno

Il parquet della sala prove è consumato solo in alcuni punti, levigato dai passi di tutti i ballerini che vi si sono esercitati per anni.

Anche oggi lavoreremo fino a tardi. Ogni passo deve essere perfetto, i danzatori devono raggiungere la massima sincronia.

Ripasso la coreografia, ancora non la sento come un vestito mio. Ripeto ogni passo finché al mio corpo non sembra naturale. *Tombé, pas de bourrée, grands jetés*, ancora *grands jetés* fino a percorrere tutta la sala.

Devo saltare più in alto, con più leggerezza e fluidità.

Lo specchio non dà scampo agli errori.

Mi si richiedono bellezza e armonia, e allora ripeto ancora e ancora quella serie di passi… e poi un profondo *demi-plié*, per girare meglio. Contando sulla spinta delle gambe eseguo una splendida *pirouette*: ecco il *plié*, accompagnato dallo scatto deciso della testa, e poi la *pirouette*.

Non è ancora come voglio.

Ricomincio da capo. La danza è pura emozione: ho solo il mio corpo per comunicarla.

Mi distraggo per un attimo e mi ritrovo a terra, ancorata al pavimento dalla stanchezza. Penso a quanto sia dura e a quanto io ami davvero danzare. Alzo lo sguardo e trovo il mio volto nello specchio. I miei occhi parlano chiaro: sulla fatica vince l'amore per la danza.

Decido di non combattere, sento il mio corpo sprofondare nel pavimento e lascio che la mia mente torni al motivo per cui mi trovo lì, sfinita, a provare e riprovare quella coreografia.

Il telefono squillò. Era tardi, non aspettavo nessuna chiamata e mi domandai chi potesse cercarmi a quell'ora e con quell'insistenza. Forse era importante.

«Pronto.»

Dall'altra parte una voce in lontananza: «Sono Eleonora, parlo con Simona?».

Eleonora è una ballerina. Una di quelle ballerine per cui la danza *è* vita, una di quelle ballerine disposte a ballare contro tutto e contro tutti, al di là di qualsiasi confine, alla ricerca dell'unione suprema di anima e corpo in movimento.

A Eleonora avevo confidato il mio sogno: danzare su un vero palcoscenico. Continuavo a coltivare la danza, ma il Grande Sogno l'avevo meticolosamente riposto in un angolo del mio cuore e lì lo custodivo in segreto. Ne avevo parlato solo con lei: la sentivo simile. Forse, grazie alla sua infinita passione per il ballo, poteva comprendere appieno il mio desiderio.

Non potevo immaginare il motivo della sua chiamata: la nostra corrispondenza via mail era uno scambio di sensazioni sulla danza.

«Simona, ce l'abbiamo fatta!» Eleonora esplodeva di gioia. «C'è la possibilità di partecipare a un festival di danza in Germania! Un festival vero, capisci?, insieme a ballerini professionisti, proprio come hai sempre sognato!»

Il sangue mi si gelò nelle vene. Non potevo crederci.

Chiusi gli occhi, feci un respiro profondo e, con la paura di aver capito male, chiesi: «Eleonora, stai scherzando?».

Un secondo di silenzio, un'eternità, e: «Non sono mai stata più seria in vita mia. È tutto vero, parteciperai a questo festival, il coreografo ti aspetta in Francia per iniziare le prove».

Mi spiegò ogni singolo dettaglio, enfatizzandolo al massimo, fino a coinvolgermi completamente.

Posai il ricevitore e rimasi immobile, incredula e stupita.

Iniziai a piangere come una bambina. Non riuscivo a smettere di singhiozzare e cercavo di dare un senso a quello che avevo appena sentito, come se fosse la tragedia più grande della mia vita.

"Danzerai davvero, in un festival importante, insieme a professionisti, su un palcoscenico vero..." Quelle parole mi rimbombavano nelle orecchie, rimandavano ad altre immagini, altre visioni... Finché tutto fu risucchiato da un turbine di emozioni senza tempo, e mi ritrovai catapultata su quel palcoscenico.

Seduta nel camerino, mentre mi trucco, ripenso a quella sera: la preparazione dietro le quinte, il cuore come un tamburo, le gambe sul punto di cedere. L'attenzione degli altri ballerini nei miei confronti mi aveva aiutato a sentirmi meno nervosa. Pilar, la danzatrice più bella e capace che avessi mai visto, mi aveva abbracciato e sorriso dicendo: «Respira profondamente e goditi il tuo momento».

Ero salita sul palco per ballare il *pas de deux* con Marco Barbieri con il cuore in gola, quasi tremavo. Marco se n'era accorto e mi aveva sussurrato: «Rilassati, tranquilla».

Avevo respirato e, non so come, ero riuscita a rilassarmi davvero. Marco mi aveva cinto con le sue braccia ed eravamo stati un corpo solo. Le sue braccia erano diventate un'estensione del mio corpo e insieme, in perfetta armonia, ci eravamo lasciati inghiottire dalle luci e dalla musica. Dalla magia della danza.

Non ero più Simona, la ragazza che sognava: ero nel sogno e nessuno avrebbe potuto portarmelo via.

La prima danza

La luce entra prepotente dalla finestra e svela ogni piccolo granello di polvere presente nella stanza. Il mio sguardo si posa per caso sulla copertina azzurra di un album di fotografie. Mentre lo sfilo dalla libreria e cerco goffamente di soffiare via la polvere, una foto cade, infilandosi sotto la scrivania. Penso di raccoglierla dopo aver sfogliato l'album, non ho voglia di cercare un sistema ingegnoso per tirarla fuori da lì. Poi, come per una sorta di automatismo, prendo il righello e mi abbasso alla ricerca della foto, che ricompare in un attimo. È ancora sul pavimento quando mi fermo a guardarla. Mi commuovo e la raccolgo, appoggiandola davanti a me.

Sono io a cinque mesi, con un sorriso enorme sul viso paffuto, incorniciato dalla cascata di riccioli che ho sempre avuto. Il mio papà mi tiene in equilibrio sulla mano destra e io, con la schiena dritta, faccio sfoggio di me come una ballerina tra le braccia del suo partner. Senza saperlo sto danzando con il mio papà.

Guardo il suo volto, alla ricerca di qualcosa che possa svelarmi cosa gli passasse per la testa. Cosa pensava in quel momento un uomo di trentasette anni che teneva "in braccio" la sua bambina? Non ho mai provato a chiederglielo, forse perché in fondo non ne ho mai avuto bisogno. La sua dolcezza e il suo amore incondizionato sono sempre stati presenti nella mia vita. La sua silenziosa, ma forte presenza è sempre stata lo scoglio a cui io, mia sorella e mia mamma ci siamo aggrappate.

Mi rendo conto solo ora di non aver mai riflettuto sui sentimenti di mio padre. I suoi, non quelli nei miei confronti. Strano come il rapporto padre-figlia sia sempre pervaso da questo genere di "pudore".

Mio padre non ama parlare di sé, è un uomo dai gesti premurosi, dai modi garbati.

La mamma racconta, invece: tutto quello che so della mia infanzia lo so grazie a lei, ai suoi resoconti intensi e dettagliati.

È come se lui le avesse appaltato la licenza di trasmettere i ricordi.

Oggi, però, non posso non domandarmi cosa avrà provato alla mia nascita, quali sensazioni, quali dubbi gli saranno frullati in testa. Cosa lo ha aiutato a trovare la serenità che ha sempre trasmesso a me e a Gioia?

Riguardo quella foto ancora più attentamente, come se potesse prendere vita davanti ai miei occhi. Ma rimane statica, e continua a parlare il linguaggio del cuore: non avverto nessuna sensazione di dolore, nessuna sofferenza, né nello sguardo del papà né nel mio. Non c'è niente di nascosto, nessun secondo livello di lettura: quella fotografia è semplicemente lo specchio della serenità vera e completa della nostra famiglia.

A volte penso che qualcuno fatichi a credere che sia stato così. Nessuno me lo ha mai detto esplicitamente, ma ogni tanto percepisco l'incredulità di chi pensa che nascere senza braccia sia per forza una tragedia.

Mi capita di sorridere a questo pensiero. E cerco nei miei ricordi qualcosa che possa dirmi che è andata davvero così.

Naturalmente non posso avere ricordi della mia nascita, mi affido a ciò che mia madre ha voluto condividere con me. Sono immagini che ho sempre faticato a mettere a fuoco, solo da poco hanno assunto maggiore nitore, maggiore chiarezza.

Ho ormai l'età dei miei genitori quando sono nata io. Ora vedo mia madre come una donna, mio padre come un uomo; forse quello che provavano assomiglia a quello che sento io.

Ho bisogno di ripercorrere quei momenti. Ho bisogno di percepire, anche per un istante, come si sia originata in loro la capacità di accogliermi non come un evento drammatico, ma semplicemente come un grande dono d'amore. Ne ho bisogno per crescere, per diventare una donna migliore

Le sue braccia sono rimaste in Cielo

Aveva compiuto da tre mesi trentasei anni ed era minuta nonostante la pancia all'ottavo mese di gravidanza. I capelli neri e lisci le cadevano lievi sulle spalle e i suoi grandi occhi verdi brillavano di uno sguardo fiero e sorridente.

Quella notte di giugno non riusciva a dormire, trovare una posizione nel letto sembrava impossibile. Il figlio che portava in grembo aveva deciso di non renderle la vita facile: era nella posizione sbagliata per nascere, ma non sembrava avere nessuna intenzione di girarsi. Tonina capì che doveva rassegnarsi, appoggiò una mano sulla pancia e la accarezzò a lungo, quasi a rassicurare la sua creatura.

Non sapeva se fosse maschio o femmina, e non le importava. Desiderava un fratellino o una sorellina per sua figlia Gioia. E un figlio che non se ne andasse come i primi due. Desiderava una famiglia da crescere e da amare.

La mattina presto decise di andare all'ospedale. Prese la valigia, pronta da qualche tempo: vestitini ricamati a mano e tutto il necessario per accogliere un bimbo.

Milano l'aspettava e Tonina si presentò fiduciosa all'appuntamento. Qualcuno aveva fretta di nascere.

I primi giorni in ospedale trascorsero veloci: conobbe tutte le altre future mamme, ognuna con una storia da raccontare e un sogno nel cuore. Forse era la paura ad accomunarle. Il 14 giugno nacque Alessandra, la figlia di Lilli, una delle sue nuove amiche. Lilli era giovane, bella e veniva anche lei dalla Sardegna. In quel momento non avrebbero mai immaginato che il loro rapporto e quello delle loro figlie sarebbero durati così a lungo. Il bello di questa vita sono proprio le persone che incroci lungo il cammino e che aggiungono qualcosa che, prima, nemmeno sapevi ti mancasse.

Non posso immaginare le sensazioni di mia madre. Me le ha raccontate, ma oggi sono ricordi, edulcorati dal tempo e da quello che è stato.

Ricorda una notte tumultuosa in balia di dolori forti, ricorda i miei piedini che spingono nella direzione sbagliata e l'impossibilità di trovare una posizione. La mattina sembrava non voler arrivare mai, e nemmeno i medici che avrebbero fatto nascere la sua bambina. Ma tutto prima o poi accade, anche quando sembra che il tempo si allunghi a dismisura, quasi per farti un dispetto.

Il terzo taglio cesareo di Tonina: un momento di silenzio e poi il mio pianto. Ero riuscita a far sentire la mia voce anche con un polmone chiuso e questa era una buona notizia, che le venne data molto tempo dopo.

Mi sono sempre chiesta se sia possibile avere fotogrammi nitidi di quei momenti. I racconti sono limpidi ma segmentati. Non seguono una cronologia definita. Sono macchie di colore su un foglio bagnato, come quando sperimenti l'acquerello per la prima volta e le forme ti sfuggono nell'acqua che non riesci a dosare.

Il risveglio dall'operazione. I dolori e il pancione che

non c'è più. Non potersi muovere, la ferita cucita male che punge come mille spilli.

Non sapere niente. È nata una bambina, ma lei non può vederla: l'hanno messa nell'incubatrice. Il silenzio, il buio, gli sguardi cupi e sfuggenti. All'improvviso nessun volto è più familiare, sembra che la luce dei giorni precedenti se ne sia andata per sempre. Quella bimba che lei non può abbracciare diventa un vuoto incolmabile. Non ha la forza nemmeno per gridare, Tonina. Qualcosa non va e lei lo capisce chiaramente Vuole sapere, vuole stringere la sua bambina al petto. "Un'altra volta no!" deve aver pensato. L'incubo dei suoi due bimbi che non ci sono più ritorna prepotentemente, ma lei lo scaccia con decisione. Il pensiero della piccola Gioia le dà coraggio e, dentro di sé, sa che non succederà di nuovo. Questa bimba c'è. Qualcosa non va, ma c'è.

Quella maledetta cartella clinica viene sempre messa ai piedi del letto. Lontanissima. Tonina sa che lì c'è la risposta alle sue domande. Si fa forza e riesce a prenderla. La legge velocemente, come se stesse violando un segreto di Stato. Quattro parole. Rimette tutto in ordine, si sdraia e le ripete, quasi sillabandole: «Amelia degli arti superiori». La mente è talmente annebbiata che anche se avesse letto il suo nome non l'avrebbe capito. "Arti superiori, arti superiori, arti superiori..." Qualcosa non va agli arti. Quelli superiori sono le braccia.

«Allora le gambe le ha!»

Il fiato quasi le manca, come se avesse urlato per ore, ma non ha emesso alcun suono. La sua mente però ha gridato forte, per cercare di capire qualcosa che ancora non è chiaro. Immagina il piccolo volto che, fino a poco tempo prima, era dentro di lei. Vuole vedere i piedini che ha già sognato di veder danzare e volare, senza sapere nemmeno lontanamente che sarebbe accaduto davvero. Nel buio della disperazione quella flebile luce è il segno potente della vita: nessuno allora lo sapeva, né io, neonata, né lei, giovane donna diventata speciale, come tutte le mamme.

Il momento in cui mi vide per la prima volta è un ricordo dolce e lieve. Lo stesso anche per mio padre. Piccoli piedi che si muovono nell'aria alla ricerca di chissà che cosa, un corpicino indifeso che fa sorridere gli occhi di due genitori ignari del loro destino.

Erano stati scelti per essere i miei genitori e non lo sapevano. La vita li aveva messi davanti a una prova forte. Era difficile, ma loro in quel momento si cercarono, si presero per mano e si tennero stretti, lo sguardo puntato su quei piedini, che rappresentavano il segreto di quella bambina e della loro vita con lei. Non c'era bisogno di parole.

Li immagino così mentre mi scelgono ancora una volta, con un atto d'amore ancora più grande, reale e sincero. Io in quel momento sono diventata la loro figlia, non per un diritto di sangue, ma per una scelta concreta e d'amore.

Firmarono le carte e mi portarono via. La mia nascita aveva creato un po' di scompiglio in ospedale e vollero trasferirmi in un posto dove mi avrebbero curata con dolcezza. L'ospedale di Tradate mi accolse, e in poco tempo mi rimisi in sesto: ero pronta per conoscere la mia casa.

La nostra avventura comincia da qui.

Nessuna certezza, nessuna sicurezza, migliaia di dubbi e paure, ma avevo una famiglia pronta a dare amore, ed è bastato. Non solo: è stato il punto di partenza migliore che potessi avere.

Io posso danzare

Se non fossi andata a danza da bambina, per seguire le orme di mia sorella... Se non avessi modificato la mia strada quando, a dieci anni, la scuola che frequentavo, legata alla Royal Academy di Londra, disse che, per continuare, era obbligatorio sostenere un esame per l'uso delle braccia... Se non avessi superato questi step, non avrei ballato al Roberto Bolle and Friends, non sarei stata ambasciatrice della danza nel Giubileo del 2000, non avrei aperto le Paralimpiadi invernali del 2006, non avrei realizzato Me, *il primo spettacolo tutto mio.*

Non sarei mai arrivata dove sono.

Tutto parte da un sogno.

Che va curato, innaffiato e amato, poi frammentato in passi concretizzabili, "umanizzato" e spogliato della sua connotazione poetica per diventare reale.

Però resta sogno. Quando lo vedo prender corpo e capisco che è lui, che lo sto vivendo, non mi chiedo cosa farò: so già che ne sognerò un altro.

Uno dei miei obiettivi è proprio continuare a sognare: sogni piccoli, immensi, deliranti, colorati, soffici. Non è una grossa fatica: mi vengono centinaia di idee. Faccio liste su liste, i progetti mi si accatastano in testa.

Senza, sarei vuota.

Sono un'istintiva, mi butto. Anche troppo, ma preferisco farmi male una volta in più e non rinunciare a provare. Sto imparando a frenarmi, ma non è semplice: non mi piacciono i limiti e autolimitarmi è faticoso, mi sembra di tradire quello per cui ho sempre lottato. Con la forza della ragione, però, e la motivazione della salvaguardia, soprattutto del mio corpo e della mia serenità, ci arrivo: fino qui sì, oltre è meglio di no. "Oltre non si può" non sarebbe nelle mie corde. C'è dentro la negazione di una possibilità, e io le negazioni le trasformo. I no che mi sento dire diventano "perché no?", "forse", "vediamo", "sì". Alla peggio diventano "no, perché...".

Per questa capacità devo ringraziare mia madre. Quando ero bambina ha capito che per me i no sarebbero potuti diventare tanti e non ha mai voluto che io li vedessi come rifiuti. Mentre mia nonna aveva costantemente paura e mi impediva di fare quasi tutto, la mia mamma cercava soluzioni creative: così no, però così sì, e mi strizzava l'occhio.

L'altalena

Il vento soffia senza tregua. Mischia il blu del mare con il turchese e il celeste. Sembra che un pittore di fine Ottocento abbia deciso di sperimentare e si diverta ad aggiungere il vento alla sua tela impressionista. O forse è la natura, vanitosa al punto di non voler rischiare di apparire sempre uguale.

È così selvaggia che sembra voler scappare. Gli odori e gli aromi sono pungenti, un albero ha deciso di nascere e crescere in mezzo alla sabbia, seguendo i capricci del vento che lo modella come vuole ma non riesce a spezzarlo.

In quella mescolanza di tinte forti e profumi di mirto e d'alloro rivedo mia madre. È originaria di questa terra e ne porta addosso tutte le caratteristiche e le contraddizioni. È nata tanti anni fa in un piccolo paese della Trexenta, Suelli, in provincia di Cagliari. È la quarta di sei fratelli, la prima femmina in una famiglia dominata da maschi, seguita qualche anno dopo da Elisa. I suoi erano gente di semplici origini. Il papà, Raffaele, era capomastro; la madre, Pinuccia, reggeva la casa con temperamento deciso, ma amorevole. La loro tranquillità si spezzò un giorno d'inverno. Raffaele morì a soli quarantaquattro anni, punto da un insetto che si era posato su un cavallo. Una semplice puntura: il dottore non ne capì la gravità e gli fu fatale. Lasciò cinque figli e una moglie incinta. L'ultimo maschio, il sesto, sarebbe nato qualche mese dopo. Una tragedia che cambiò il senso delle cose e segnò il loro destino.

Vivere con il marchio dell'orfano nella Sardegna di quei tempi non era facile. Pinuccia diventò in un istante madre e padre. Sembra la trama di un romanzo, invece è tutto vero.

Mia madre si porta dentro tutto questo. È così che ha imparato presto a trasformare il dolore in vita e a chiederne il riscatto. Questa tragedia non ha reso il suo carattere spigoloso. Tutti i tumulti del suo animo sono racchiusi nel suo grande sorriso, che trasforma qualunque esperienza in voglia di vivere.

Sognava di attraversare quel mare, dal suo piccolo paese sulla collina. Un giorno, a ventitré anni, partì con sua madre, sua sorella Elisa e tre dei suoi fratelli per il continente. Solo il secondogenito, Michelangelo, rimase in Sardegna: si era già formato una famiglia con Luigina ed erano nati Marirosa e Ignazio.

Partì per lasciare la sua isola, ma senza dimenticare la potenza di quella natura, la forza dei suoi colori, l'intensità dei profumi. È bello scoprire che quando si lascia qualcosa non è per abbandonarla, ma è per arricchirla di altri sapori.

La Lombardia accolse la loro famiglia con rispetto. Trovarono lavoro e la stessa dignità che avevano sempre avuto. È lì che la mamma conobbe papà. Incontrò questo ragazzo dal fisico solido, ma asciutto, nel paese in cui erano andati a vivere. Un sorriso buono, incorniciato da riccioli chiari: la fece innamorare. Era distinto e dai modi gentili. La mamma pensava che fosse un "polentone" proprio per i suoi lineamenti. Scoprì presto che anche lui veniva dalla Sardegna: stessa provenienza, stessi colori dentro, ma storie molto diverse. Papà è l'unico figlio di genitori benestanti. La madre era sarta e il padre costruiva carri di legno. Anche loro erano venuti in Lombardia per lavoro.

Immagino la mia mamma di quei tempi e la intravedo appena, in lontananza. Spesso cerco nei suoi lineamenti i sogni che nascondeva allora.

È vero che i pensieri mutano, ma sono nati da qualche parte e forse, dentro, ne conserviamo ancora le radici.

Una parte di lei, spesso, vorrebbe riappropriarsi di quelle radici, e lo fa raccontando la sua vita a chi le sta accanto.

È difficile tenere calmo un cavallo che scalpita perché ha ancora voglia di correre. Lei a volte è così. Quando non può più correre, lo fa attraverso di me. Si siede in sella e prova a godere della corsa e del paesaggio che la mia vita le offre. Io la accolgo volentieri perché quella corsa è possibile solo grazie a lei che ha spianato la strada. È un viaggio piacevole e difficile allo stesso tempo, ma è la nostra corsa. E la amiamo anche quando freniamo o cadiamo alla prima buca.

Mi sento talmente simile a lei che a volte ne ho quasi paura. È sempre stata così forte e determinata ai miei occhi che mi chiedo se riuscirò a essere come lei. Solo ora inizio a percepire le sue debolezze, le sue paure. Ora che sono anch'io una donna vedo la sua vita in modo diverso.

Lei per me è sempre stata un supereroe. Sapeva come affrontare le cose e lo faceva con una serenità disarmante. Accanto a lei non avevo mai paura, sapevo che avrebbe risolto qualsiasi situazione. Sentivo di essere forte e di poter affrontare tutto.

Un giorno di tanti anni fa, avevo sei o sette anni, stavo andando in altalena nel giardino di casa. Avevo imparato a spingermi da sola con le gambe e ne ero talmente fiera che dondolavo cantando per ore. Un giorno passò per caso lungo la via il vigile del paese. Appena mi vide iniziò a gridare: «Signora! La bambina!». La mamma, sentendo le urla, uscì di corsa in giardino. Il vigile si agitava sempre di più: «Signora! La faccia scendere!». All'inizio la mamma non capiva, poi quando vide il vigile indicare me, comprese che voleva che scendessi dall'altalena. Nel frattempo io mi ero fermata e guardavo con gli occhi spalancati quell'uomo in divisa che mi indicava urlando. Fissai la mamma, sorpresa. Se fosse stato per me avrei continuato a dondolarmi sull'altalena e a cantare come sempre, però capivo che qualcosa non andava.

La mamma, con fare amabile e gentile, si rivolse al vigile: gli sorrise e lo invitò a calmarsi. Poi si voltò verso di me e, con un sorriso di vera complicità, mi ordinò: «Simona, fermati e scendi dall'altalena». Poi, avvicinandosi e strizzandomi l'occhio, aggiunse: «Non preoccuparti, appena il vigile se ne sarà andato, potrai risalire e giocare come prima».

Quel giorno ho capito tante cose.

Ho capito che spesso i limiti sono negli occhi di chi ci guarda. La paura era del vigile, non certo mia o di mia mamma. Noi avevamo trovato un modo per andare in altalena nostro e sicuro, anche se non era uguale a quello degli altri. Non per questo, però, meno valido: era solo un modo alternativo.

Ho capito che a volte non serve sfidare gli altri per dimostrare che le cose si possono fare diversamente. Perché insistere con il vigile se lui non era pronto a vedere la situazione da un punto di vista differente? Forse lo avrebbe compreso in un altro modo e in un altro tempo. Forse lo comprese nel momento in cui girò l'angolo.

Più importante di tutto, ho capito che la complicità e la fiducia tra me e mia madre ci avrebbero portate lontano, che anche lei aveva fiducia in me e che, prima di dire no, avrebbe sempre provato a chiedersi "Perché no?", e insieme avremmo trovato la strada giusta per noi.

Quel giorno scesi dall'altalena e aspettai che il vigile andasse via. Appena il mio sguardo non lo vide più tra le sbarre del cancello, corsi sull'altalena e ripresi a giocare. Non fu una sconfitta. Fu la vittoria di chi non ha niente da dimostrare, ma che sa trovare la sua strada grazie alla fiducia di chi lo ama.

Da quel giorno, quando qualcuno mi ha detto che non potevo fare qualcosa, ho sempre pensato a mia madre che, con la sua voce rassicurante, diceva: "Perché no?" alla sua testa, che lentamente mi faceva "sì" e mi dava l'energia per affrontare tutte le sfide che la vita mi avrebbe offerto.

Ancora mi domando come riusciva a sapere sempre come fare. Ora so che forse non lo sapeva, che aveva le sue paure e le sue debolezze. Aveva, però, la grande capacità di farmi sentire protetta e amata

Come ci riusciva? Da piccola pensavo che fosse magica. Crescendo, nel periodo dell'adolescenza, ho anche detestato questa sua capacità di non perdere mai la pazienza e di riuscire ad affrontare tutto con serenità. Ora, semplicemente, la ammiro. Non c'è nessuna magia, nessuna capacità superiore. È solo una donna con una gran voglia di vivere e una meravigliosa capacità di amare. La vita l'ha allenata alle tante prove che ha dovuto affrontare e lei, come una grande atleta, ha cercato di superarle tutte con dignità e coraggio.

La guardo invecchiare e scopro ogni giorno che lei, semplicemente, continua a crescere insieme a me. Così come abbiamo fatto in tutti questi anni, condividiamo i colori di quel dipinto meraviglioso che chiamiamo vita. Scopriamo le forme scolpite dal vento della Sardegna e i toni più tenui della Lombardia, uniti a quelli vibranti e immensi del Canada. Mischiamo tutte le tonalità che la vita ci ha permesso di ammirare e ne sentiamo il profumo pungente. Ho imparato, insieme a lei, a sorridere a tutto ciò e a godere di ogni sfumatura, anche quelle più cupe o insignificanti. Tutto prima o poi assume il colore più intenso: basta saper aspettare che la luce giusta lo faccia vibrare.

Spesso mia madre ride di gusto, come una ragazzina che sa trovare sempre il modo per divertirsi. A volte la vedo anche piangere, ora non nasconde più le lacrime. Le lascia scivolare sul suo volto, segno del fatto che non teme che i sentimenti la sovrastino. È come se fosse arrivata a quel punto della vita in cui ci si può prendere la libertà di provare semplicemente ciò che si ha dentro in quel momento, senza doversi giustificare. Dev'essere come tornare indietro nel tempo e riprendere tutto dall'attimo prima di diventare adulti.

Mi capita spesso di volerla frenare, come per proteggerla, esattamente come lei ha sempre fatto con me. Ho paura che qualcuno possa ferirla e spegnere quella meravigliosa luce che brilla in lei. Non posso farlo e non voglio. Lei è speciale e unica così, con la sua forza e la sua debolezza, con le sue sicurezze e le sue contraddizioni.

Lei è semplicemente una grande donna. L'unica cosa che posso fare è ringraziarla per avermi dato questa vita insieme all'amore del mio papà.

Debutto

Non avevo ancora compiuto quattro anni quando la mamma e il papà decisero di iscrivermi all'asilo.

La superiora, un giorno in cui la mamma era andata a prendere mia sorella Gioia, le aveva detto: «Quando Simona avrà l'età, sarò felicissima di accoglierla». Ma si intromise il destino e non poté essere lei ad accogliermi: un grave incidente la portò via troppo presto.

La mamma mi iscrisse un giorno freddo di gennaio. Si preparò con cura: un bel vestito e il cappotto elegante, cucito su misura dalla nonna, che era una bravissima sarta. Non dimenticò nulla: un velo di trucco, la borsetta e quel sorriso pieno di serenità e forza che l'accompagna da una vita. Non si chiese cosa avrebbero detto le suore, aveva ancora nelle orecchie le parole della superiora precedente. Era il mio debutto "in società", e lei era emozionata.

Trovò parcheggio subito e per un attimo pensò che sarebbe andato tutto liscio.

La nuova superiora la accolse con un sorriso e lei contraccambiò. Iniziò a parlare con entusiasmo di quello che facevo, del mio carattere solare e delle tante scoper te che stavamo vivendo insieme. Mentre lei raccontava della sua bambina, il sorriso della religiosa scomparire per far posto a un'espressione più seria. La mamma non si lasciò intimidire e continuò, fino ad arrivare al punto: «Vorrei iscrivere la mia Simona all'asilo» disse quasi di corsa, come se avesse paura di venire fermata prima di finire la frase. La suora probabilmente sperava che questa richiesta non arrivasse, o credeva di scoraggiare la mia mamma con quel volto severo. Ma non la conosceva: lei non si sarebbe certo lasciata intimorire da uno sguardo. Si stava comportando come qualsiasi altro genitore, e lo sapeva bene. Nulla avrebbe potuto farla desistere. Né la superiora poteva immaginare che la strada delle nostre battaglie e conquiste fosse appena iniziata.

La suora la guardò per un istante e, con l'atteggiamento di chi sta facendo solo il suo lavoro, le disse che riteneva giusto indire una riunione con le insegnanti e i genitori per decidere se ammettermi o meno all'asilo. Chiosò la sua sentenza con un: «Mi dispiace per l'insegnante che dovrà avere sua figlia in classe».

La mamma non riuscì a replicare. Mantenne la sua dignità, ma quelle parole furono una pugnalata. Stretta nel suo cappotto, afferrò la borsetta, salutò gentilmente e si allontanò. Salì in macchina, fece manovra per uscire dal parcheggio che aveva trovato così facilmente, ma durante il tragitto le parole della suora le rimbombavano in testa. "Una riunione per decidere se mia figlia può andare all'asilo!" si ripeteva, come se non potesse crederci. "Mi dispiace per l'insegnante!"

Prima di girare nella stretta via di casa, si fermò. Non era possibile. Girò l'automobile e tornò indietro. Era come se fosse la macchina a portarla. Si fermò davanti allo studio del medico di famiglia. Arrivata all'ambulatorio, entrò con passo da bersagliere e raccontò l'accaduto al dottore. «Se devono rovinare tutto ciò che di bello mio marito e io abbiamo costruito con Simona, io non la mando e la lascio serena a casa con i nonni.»

Il dottore le prese le mani tra le sue, le sorrise e le disse: «Non si preoccupi, signora, Simona ha il diritto di andare all'asilo come gli altri bambini, faremo di tutto perché sia così».

La mamma si tranquillizzò: sapere che qualcuno credeva in lei e nel diritto che avevamo le diede forza e motivazione. Era la nostra prima battaglia, ed era appena cominciata.

Il giorno della famosa riunione si presentarono le insegnanti, le suore e i genitori dei bambini che sarebbero stati i miei compagni di classe. La mamma non ricorda molto di ciò che fu detto, forse era talmente ansiosa e agitata che ha rimosso tutto un istante dopo essere uscita dalla porta. Ricorda solo di aver raccontato di me e del mio mondo: disse che ero una bimba piena di voglia di vivere e di luce. Quando ebbe finito, le riservarono un grande applauso e le altre madri le si avvicinarono per complimentarsi, dicendole che era una grande mamma.

Se penso a lei in quel momento mi viene l'istinto di abbracciarla. La immagino forte e fragile allo stesso tempo, impaurita e sicura come chi sa ciò che dice, ma non ha idea di come gli altri prenderanno le sue parole, né se le comprenderanno.

Tutto finì velocemente come era cominciato e la riunione decretò che potevo frequentare l'asilo. La superiora si avvicinò alla mamma e le disse: «Signora, lei dovrà rimanere con noi i primi giorni per permettere all'insegnante di capire come gestire la bambina».

La mamma sorrise e con fare più sicuro e sereno rispose: «Ma certo, sorella, non ci sono problemi».

Il primo giorno si avvicinava, e io facevo tante domande. Ero felice all'idea di passare del tempo insieme ad altri bambini: amavo molto giocare in compagnia, anche se a casa con i nonni stavo benissimo. Adoravo il nonno e ogni tanto chiedevo di poter rimanere insieme a lui. La mamma mi incoraggiava, spiegandomi che avrei potuto disegnare insieme ad altri e questo fatto dell'asilo cominciò a piacermi. Sapevo che ci sarebbe stata una bimba con cui giocavo spesso, Paola, la cugina di una compagna di scuola di Gioia, ed ero felice perché con lei mi divertivo molto.

Il giorno fatidico ci svegliammo presto. La preparazione fu allegra e accurata: la nonna mi aveva cucito un vestitino colorato mentre la mamma aveva preso un giorno libero dal lavoro, seguendo l'accorato suggerimento della superiora. Io ero felice di averla tutta per me.

Arrivammo all'asilo piene di emozione: io entusiasta di questa nuova avventura; la mamma nervosa perché si sentiva sotto esame. Ma non aveva nessuna intenzione di permettere che questo nostro primo traguardo venisse rovinato dalle paure altrui.

Spesso, i limiti sono in chi ci guarda, non in noi. Fu un bene comprenderlo così presto, perché da quel momento in poi non lasciammo a nessuno la possibilità di limitare il nostro modo di vivere e di intendere la vita. I limiti li abbiamo sempre lasciati volentieri agli altri: noi abbiamo avuto altro da fare.

All'arrivo trovammo la superiora, più nervosa di noi. Chissà cosa si aspettava... Ancora oggi mi chiedo come potesse una bimba di quattro anni spaventarla così tanto. Ci presentò la maestra Rossella, che ci accolse con un grande sorriso. La mamma si sentì spalleggiata.

La maestra mi prese con sé e mi fece sedere al mio

posto. Notai subito la mia amica Paola e il sorriso d'intesa che ci scambiammo fu l'inizio di una bella amicizia destinata a continuare. La superiora fece segno alla mamma di sedersi con lei in silenzio in un angolo dell'aula.

Io dimenticai subito che lei era ancora lì e sembrai non notare nemmeno lo sguardo indagatore della suora, che analizzava ogni mia mossa.

La maestra chiese: «Chi vuole disegnare?». I miei occhi si accesero. Non avrebbe potuto proporre niente di meglio: disegnare era il mio gioco preferito. A casa disegnavo tutto il giorno.

Presi un pastello con il piede destro e diedi inizio al mio disegno, con cura ed entusiasmo.

Una volta finito, mi alzai e presi il foglio tra la spalla e il mento: uno dei tanti modi che mi ero inventata per trasportare le cose. Con passo deciso andai verso la superiora. Tutto, intorno, sembrò fermarsi. Sfoderando un sorriso da record le porsi il disegno e le dissi: «Madre, l'ho fatto per lei».

Lei, quasi tremando, lo prese tra le mani e lo guardò, ma forse non riuscì nemmeno a mettere a fuoco l'immagine che vedeva. Io rimasi lì sorridente e felice e lei, timidamente, restituì il sorriso e mi ringraziò.

La mia mamma rimase senza parole. So che il suo cuore si è riempito di gioia e di soddisfazione: era riuscita a preservare per me una bolla di mondo nella quale potevo continuare a essere spontanea. Nessuno mi aveva parlato della titubanza e della rigidità della suora nell'accogliermi, ma io avevo colpito nel segno.

La mattinata continuò serena. La mamma sempre nell'angolo e la superiora più distesa, con un'espressione tendente all'incredulo.

All'ora di pranzo la mamma fu invitata a rimanere.

La superiora le chiese di aiutarle a capire come comportarsi con me in quell'occasione, la mamma acconsentì e non aggiunse altro.

La sala da pranzo mi sembrò enorme, con tutti quei tavolini in miniatura. La maestra mi fece sedere a un tavolo a caso, accanto ad altri bimbi. Sfoderai i miei piedini, com'ero abituata a fare a casa, e afferrai le posate.

A un certo punto il bimbo accanto a me cominciò a lamentarsi: «Non lo voglio! Non mi piace!» strillava. La maestra cercò di convincerlo dolcemente: «Andrea, dài che è buono, mangia!».

Andrea però non ne voleva sapere e continuò a mugugnare, diventando sempre più lagnoso.

Gli sguardi erano tutti sul nostro tavolo: la maestra guardava Andrea, la suora guardava me, mia mamma guardava la suora.

Io guardavo Andrea, in silenzio: prima incuriosita, poi stufa di sentirlo piagnucolare. Mi girai, lo fulminai minacciosa e, prendendo la sua forchetta con il pezzo di carne ancora infilzato, gli dissi: «Adesso basta fare tutti questi capricci, mangia e non fare tante storie» e, per una strana sincronia di gesti, lui aprì la bocca e io lo imboccai.

Non ho idea della faccia che fece la suora, ma mi piace immaginarla a bocca aperta, come Andrea. Quando riprese il controllo, fu solo per dire alla mia mamma che poteva andare a casa, non avevano più bisogno di lei.

È proprio vero che certe cose non le capisci finché non le vivi.

La mamma se ne andò molto volentieri. La immagino uscire dall'asilo e salire in macchina con un buffo ghigno di soddisfazione. Avrà pensato che sua figlia era più imprevedibile di quanto lei pensasse.

Tornò a prendermi alla fine della giornata. La superiora le andò incontro e, con gli occhi umidi, le prese le mani tra le sue, se le portò alle labbra, le baciò e le disse: «Oggi ho ricevuto una grande lezione, grazie».

Da quel giorno la superiora fu molto gentile con me e la mamma. È strano e bello allo stesso tempo che abbia imparato qualcosa da una bimba di soli quattro anni.

Anche la mamma aveva scoperto qualcosa di importante per il nostro futuro. Aveva scoperto che usando l'intelligenza, l'educazione e la calma si ottengono molte più cose che sbattendo i piedi con prepotenza. Quel posto all'asilo era un nostro diritto e ce lo siamo guadagnato senza sprecare parole, semplicemente mostrando agli altri il nostro modo di vivere.

Fu un ingresso trionfale: eravamo riuscite a condividere i nostri sorrisi con chi mai avrebbe immaginato di poter sorridere insieme a noi.

Il colore rosso

Sono stata una bambina sempre scalza. Tutti i pavimenti erano coperti da tappeti. Li adoro, adoro sentire la loro consistenza sotto i piedi, adoro stare seduta per terra, adoro la losanga centrale di quello del soggiorno: è stato per anni il mio posto preferito dal quale osservare il mondo dei grandi.

Un giorno, da lì, con la maestria di un prestigiatore, sfoderai il piede destro. La mamma e Gioia, sedute sul divano davanti a me, mi osservavano. Feci scorrere lentamente il piedino sul tappeto e, tutto il corpo dietro, mi allungai verso i pastelli che Gioia aveva lasciato per terra.

Fissai i colori per alcuni secondi poi, di scatto, afferrai il pastello rosso e me lo portai davanti agli occhi, guardandolo come se avessi appena scoperto un tesoro. Lo avvicinai fin quasi a toccarlo con il naso, arrivando a incrociare gli occhi pur di non perderlo di vista.

La mamma si sporse dal divano per togliermelo, ma non fece in tempo perché, velocissima, allungai il piede e colpii il primo angolo di foglio bianco, scarabocchiando qualcosa.

Avevo pochi mesi: un segno rosso incomprensibile fu il mio primissimo disegno.

Scoprii il favoloso mondo dei colori e delle linee e non mi fermai più. Gioia disegnava, io mi mettevo lì accanto e la guardavo incantata cercando di imitarla, ansiosa di diventare come lei.

Iniziai disegnando bambini al contrario. Cominciavo con un cerchio nella parte bassa del foglio, poi procedevo verso l'altro attaccando un bel collo, due lunghe braccia con tutte le cinque dita delle mani, il resto del corpo e delle gambe sinuose, con le dita dei piedi al loro posto. Terminavo riempiendo il cerchio con occhi, naso e una bocca sorridente, poi giravo il foglio. Magicamente il bambino era a testa in su e io sorridevo soddisfatta.

Crescendo, accumulai quaderni sparsi per la casa Illustravo intere storie: guardavo i cartoni animati e, se la puntata non andava a finire come volevo io, la modificavo e la reinventavo a modo mio. Arricchivo e cambiavo gli accessori dei vestiti delle principesse, modellando i personaggi come più mi piaceva.

Quasi per gioco iniziai anche a decorare le ceramiche insieme a un'amica di famiglia, Carla. Gioia si iscrisse a un corso di ceramica e porcellana insieme alla zia Elisa. Io ero troppo piccola per andare con loro, però cercavo di carpire tutti i loro segreti quando tornavano a casa e dovevano finire qualche esercizio.

Avevo quattro anni quando le mie ceramiche finirono in mostra alla festa del paese. Ero così felice di esibire i miei primi capolavori che approfittai di un momento di distrazione della mamma e in un attimo li vendetti quasi tutti. Non ne fu molto contenta: per lei erano così preziosi che venderli era un'eresia. Per fortuna, alcuni bicchieri e qualche tazzina rimasero invenduti sul banchetto. Oggi sono conservati nella sua galleria personale, dalla quale li estrae orgogliosa solo per mostrarli agli ospiti.

L'incontro che decise il mio destino come pittrice avvenne quando avevo circa sette anni. Subito dopo la mia nascita mia mamma aveva ricevuto in dono un libro, *Conseguenze di un sogno*, del pittore Mario Barzon. Mario è intrappolato da sempre in un corpo che non gli permette di muoversi. Sdraiato, guarda il mondo da una sedia a rotelle, ma quello che vede è talmente straordinario che nulla gli ha mai impedito di gridare tutta la sua voglia di vivere. Ha affrontato la vita con una determinazione e un'energia disarmanti, contagiando tutti coloro che hanno la fortuna di conoscerlo. La mamma fu rapita dalla positività di quel libro ed espresse il desiderio di conoscerne l'autore. Cosa che accadde: non per caso, tutto ha un senso, anche se spesso non lo si capisce immediatamente.

Quando Mario vide i miei dipinti ne fu rapito. Incoraggiò i miei genitori a mandare tutti i disegni che avevo fatto all'Associazione dei pittori che dipingono con la bocca e con il piede (VDMFK). Lì per lì loro esitarono, pensando che fossi troppo piccola per assumermi un impegno così importante, poi cedettero e, a otto anni, entrai a far parte di quell'associazione internazionale, la cui sede italiana è presso la casa editrice SPAM, di Verona.

La mia avventura nel mondo dell'arte era ufficialmente iniziata.

Per sviluppare il mio talento, cominciai a seguire corsi e a prendere lezioni da amici che sapevano dipingere: dalla zia Elisa a Carla, passando per le competenze dell'amico Angelo. Io vivevo tutto come un gioco e mi divertivo a scoprire le immense possibilità di racconto che nuove tecniche pittoriche mi offrivano.

Un giorno Angela, una cara amica di famiglia che aveva appena terminato un corso di acquerello, si offrì di insegnarmi ciò che aveva imparato. Una volta alla settimana veniva a prendermi a scuola, pranzavo insieme alla sua famiglia e facevo memorabili gare a chi mangiava di più con i suoi due figli, Mauro e Andrea. Competere con le loro dosi di cibo era difficilissimo per una bimba esile come me. Dopo pranzo Andrea e io giocavamo un po', mentre Angela riordinava la cucina e preparava il necessario per dipingere. Quando tutto era pronto, mi chiamava, mandava Andrea a fare i compiti in camera sua e iniziavamo la lezione. Ero una bambina curiosa e lei doveva sempre inventare cose nuove per mantenere vivo il mio interesse. Angela era molto paziente con me e riuscì a farmi amare l'arte dell'acqua che diventa colore. Nacque allora una delle mie vere passioni: per anni l'acquerello rimase la mia tecnica preferita. Mi rappresentava, era istantaneo e veloce come me. Non permetteva ripensamenti: il colore e la pennellata che mettevo sul foglio erano quelli definitivi, e in quel periodo della mia vita io ero proprio così, diretta e spontanea. Angela lo sapeva bene e cercava di assecondare il mio carattere impetuoso, senza dimenticare però di insegnarmi anche la precisione e l'attenzione che servono per portare a termine un dipinto.

Da lì fu un crescendo di studio. Compiuti i dieci anni, cominciai a seguire le lezioni di disegno di Daniela, una bravissima professoressa che mi insegnò ad amare l'arte del ritratto e del corpo umano. Fu un'altra grande scoperta. Imparare a dipingere i movimenti mi permetteva di avvicinarmi all'altra mia grande passione: la danza. Potevo provare a tradurre in pittura le emozioni che la danza mi permetteva di vivere.

Per il grande tuffo nell'arte, però, dovetti aspettare l'università. Dal primo giorno alla facoltà di Visual

Arts, in Canada, il mio mondo iniziò a ruotare completamente intorno alla pittura Mi sentivo libera di esprimermi, di sperimentare, di mescolare, di osare, di immergere il pennello nel mio mondo interiore e tradurlo in immagini.

Per la tesi presentai un progetto che mirava a trasferire sulla tela i movimenti della danza. Fu stupendo. Durante i cinque anni precedenti avevo imparato a lasciarmi andare senza timori, tirando fuori tutti i sentimenti, dai più lievi ai più tumultuosi, e poi a manipolarli fino alla trasformazione in creazione artistica.

Decisi di partire da lì. Mi ascoltai e mi resi conto che le mie emozioni uscivano sotto forma di movimento. Per quanto provassi a cercare anche altri modi, non ci riuscivo. Pensai che non dovevo oppormi e, come un fiume in piena, tutte le immagini che avevo in mente presero forma, senza trovare argini che potessero fermarne la corsa.

Danza e pittura erano da sempre le due forme d'arte più vicine a me, quelle che mi permettevano di esprimermi. Perché cercare di andare contro la mia natura? La ricerca di un'unione è sempre stato il senso della mia creazione artistica. La danza è un attimo: l'emozione dura il tempo dello spettacolo, poi tutto sembra svanire, scivolando via. Nulla, però, sparisce per sempre senza lasciare tracce. Rimangono percezioni lievi, ricordi sfocati dal tempo: capelli che fluttuano, un piede che si stacca da terra, i muscoli contratti alla ricerca della perfezione, il volto che fende l'aria. Concedendomi la libertà di emozionarmi di nuovo, riuscivo a portare a galla quei ricordi; rivivendoli, davo corpo ancora una volta alle sensazioni, tingendole di colori accesi.

Scoprire che potevo usare la pittura come tramite fra le emozioni che provo quando danzo e quelle che provo quando dipingo è stato esaltante. Ho iniziato così a usare la pittura come mezzo per fermare quegli attimi di movimento, di pura magia.

Nella mia immaginazione il movimento è colori, sfumature, linee. È l'unione di due corpi che si muovono nello spazio, che a loro volta creano altro spazio e mescolano geometrie con il suono della musica e il soffio del respiro. Potrebbero sembrare forme astratte, ma in realtà sono la rappresentazione pittorica di ciò che il danzatore crea con il suo movimento. È pura emozione. È la vita che la danza racconta. È amore, per tutto ciò che è dentro e fuori dal corpo. È paura, di ciò che non si conosce, o del dolore che si prova. È gioia, per aver scoperto di avere dentro di sé la capacità di commuoversi, di parlare un'altra lingua.

Per me è solo la mia vita. Non sono stata io a scoprire la danza e la pittura. Sono state loro a venire da me, a offrirmi l'opportunità di raccontare il mio mondo. Mi hanno scelta perché potessi danzare le grandi emozioni della vita e, poi, trasformarle in colori e forme. Senza di loro, non so se avrei la capacità di esprimere tutto quello che sento. La danza e la pittura: due, come le ali.

Sono proprio loro a portarmi in alto, e a permettermi di volare.

Io posso scrivere

Un giorno, navigando su Internet tra un sito e un forum di danza, scopro questo:

> *Sabato sono andata a fare uno stage di danza a Milano. C'era una ragazza senza braccia, abbiamo cominciato a improvvisare a due a due, ho danzato con lei e ho visto la sua armonia, il suo equilibrio, la sua fiducia, che veniva riposta in me. Avevo paura di farle male, mi sono sentita una stupida e poi una privilegiata, perché stavo danzando con lei, che aveva saputo fare delle sue gambe anche due braccia e riusciva a muoverle come mai avevo visto fare.*
>
> *Cos'è un limite? I limiti, si sa, sono fatti per essere superati. Ognuno ha dentro di sé la voglia di correre, di saltare, di esprimersi. Senza il suo limite quella ragazza senza braccia non sarebbe mai stata in grado di usare le sue gambe in quel modo, gambe che facevano anche ciò che non era previsto facessero.*

È bellissimo. Bellissimo lo scritto e bellissimo trasformare quello che per altri è un limite in un punto di forza. Ed è possibile.

Spesso i limiti non sono reali. Ce li poniamo noi, o ce li pongono gli altri e noi, semplicemente, lasciamo germogliare e crescere le idee di noi che ci trasmettono. Dobbiamo fermarci in tempo, prima di diventare altro da noi, prima di diventare quello che gli altri si aspettano che siamo. Se non ci scrolliamo di dosso tutte le sovrastrutture e non ci concentriamo su quello che possiamo fare siamo condannati alla sofferenza.

Se la mia mamma mi avesse detto: "Simona, tu non puoi scrivere" e mi avesse impedito di farlo, il suo limite mentale sarebbe diventato anche il mio, e poi sarebbe diventato un limite reale, un muro che non sarei mai riuscita a buttare giù.

Invece io posso scrivere: con la penna. con la matita. con il computer. Dipingo, persino.

La mia mamma e io siamo un po' strane. A tanti lei sembra folle, per il suo desiderio di sperimentare, di esplorare, di conoscere, di viaggiare, di comunicare. Ma un po' di follia, di sana follia, ci vuole, secondo me.

Ci sono persone per le quali, invece, i limiti sono il confine di una sorta di fortino di sicurezze dal quale non amano uscire.

Il limite lo vedono, lo sentono e gli sono parecchio affezionate; preferiscono rimanere al sicuro là dentro, dove non può succedere niente di brutto. Affacciarsi significa essere disposti a scoprire cosa c'è un po' più in là, a scoprire il nuovo, il diverso, magari il bello.

Io sono convinta che porsi limiti possa determinare la nostra vita. Se si rinuncia a dare una risposta a una domanda importante come questa – "Dove posso arrivare, io?" – si finisce con il lasciare che siano gli altri a decidere. E di solito gli altri sono piuttosto sfiduciati nelle nostre possibilità.

La danza di luce

«Simona, a cosa stai pensando?»

Paolo Londi, il coreografo, era più nervoso di me. L'evento era talmente importante che stavamo cercando di non lasciare niente al caso. Tutto doveva essere perfetto.

«Non hai espresso nessun sentimento!» sbraitò dopo le prove generali, e prese a sottolineare ogni mio errore, ogni minima sbavatura.

Sapevo di non aver dato il meglio.

Avere troppa gente intorno mi aveva distratto. I rumori della città di Roma erano riusciti a infilarsi tra me e la danza, con il loro carico di realtà, e avevano preso il sopravvento.

Non replicai. Ascoltai tutto e pensai solo che non andava. Non andava per niente. Ero terrorizzata. Sarei voluta correre via. Non mi sentivo all'altezza.

"Ho già vissuto il mio sogno. Cosa voglio ancora?" mi dicevo con tono perentorio, alla disperata ricerca di una scappatoia.

Paolo si allontanò e io rimasi sola, accovacciata su un muretto. Raccolsi le gambe, le incrociai e chiusi gli occhi. Il rumore sparì. Non ricordo cosa pensai, forse niente. Dopo qualche minuto mi alzai e mi diressi verso i camerini.

Volevo rivivere il mio sogno. Non mi era chiarissimo chi l'avesse deciso: io o chi per me. Sapevo solo che avrei danzato e l'avrei fatto al massimo. La voglia di danzare l'aveva avuta vinta sulla paura e mi sentii improvvisamente rassicurata.

Pochi giorni dopo ero nel chiostro di Trinità dei Monti: avrei ballato per il Giubileo del 2000. Ne ero ambasciatrice: monsignor Renzo Giuliano e Fabio Gallo, il direttore artistico, mi avevano voluta a tutti i costi.

Quello sarebbe stato un buon momento per farsi prendere dal terrore, ma non permisi all'evento e al mio ruolo di farmi perdere la concentrazione.

Continuavo a ripetermi le parole di Paolo: "Vivi questo momento, goditelo, giocatelo e danza su quel palco come se ti sentissi a casa!".

Feci esattamente così. Mi lasciai avvolgere dalla musica, trasformai l'emozione, la paura, l'adrenalina e la commozione in movimento e ballai come non avevo mai ballato.

Durante la danza, una magia: vidi uno stormo di gabbiani bianchi sorvolare il palco. Fu un istante, una foto sfocata, mi sfiorò l'idea di essere riuscita a superare i miei limiti umani e aver contattato un'altra dimensione, intima, spirituale.

Mi ero sentita vicina al cielo e alla meraviglia del mondo, grata per l'immenso privilegio di poter testimoniare la vita e la grazia danzando per il Signore.

Raccolsi un applauso di quelli che si ricordano per sempre: ero stata brava.

Alla fine dello spettacolo scoprii che anche altre persone avevano visto quei gabbiani volare con me.

Da quel momento penso alla mia danza come a un "volo senza ali".

Ciò che non sapevo è che quel "volo senza ali" era appena cominciato.

Danzai di nuovo *Amen*, la coreografia creata da Paolo Londi per il Giubileo, dopo circa venti giorni, in occasione del Giubileo dei giovani. Avremmo portato per la prima volta la danza in una chiesa consacrata: Santa Maria degli Angeli e dei Martiri. È l'ultimo capolavoro di Michelangelo, e io quasi percepivo la sua presenza tra le maestose colonne di marmo. Amo quella chiesa, mi infonde un senso di grandezza e di pace. Ancora non sapevo che proprio lì avrei incontrato l'amore della mia vita.

Il palco era stato montato il giorno prima dell'evento. Al centro del transetto si trovava la grande "Croce di luce": un'immensa croce di cristallo donata da Swarovski. Illuminata, rapiva letteralmente lo sguardo.

Salii sul palco. Camminai lentamente, mi sedetti sulla sedia al centro e chiusi gli occhi. Presi il pennello tra le dita e attesi le prime note del meraviglioso *Adagietto* di Mahler. Quando aprii gli occhi, l'*Apparizione della Vergine a san Bruno* era davanti a me. E la cappella di San Bruno era pronta a "ospitare" la mia danza.

Alzai il piede e, con movimenti fluidi, dipinsi i colori della mia immaginazione. Fu la musica a portarmi. Mi lasciai andare e danzai. Nulla esisteva più. Solo la musica, la danza e un immenso "grazie". Danzai ringraziando il Signore. E lo feci con forza, con determinazione e con coraggio. Lo ringraziai per il grande dono della vita. Lo ringraziai perché potevo esprimere la mia arte. Lo ringraziai danzando.

La coreografia terminò, si fece silenzio e io rimasi, a occhi chiusi, con il crocefisso con il quale avevo ballato stretto nel piede destro. Non sarei mai voluta tornare alla realtà. Quel sogno era un raggio di luce troppo potente per desiderare che si spegnesse.

Fu l'applauso del pubblico a rompere quella magia, per ricrearne subito un'altra. Quella platea scoppiettante di giovani da tutto il mondo si alzò in piedi come un'onda: tremila persone all'unisono mi dedicarono un'indimenticabile standing ovation.

Il mio inchino fu profondo e denso di commozione, quasi frastornato.

Scesi dal palco e piansi. Era troppo: troppa l'emozione, troppa la magia, troppa la gioia. Il sogno si era ripetuto ancora e non potevo fare altro che trattenerne una scintilla per non lasciarlo scappare mai. Come una lucciola in bottiglia.

Koumpounophobia

"Uno", rosso e di media grandezza. "Due", bianco e trasparente. "Tre", blu e piccolino, riuscire a prenderlo sembra un'impresa. Un sospiro e poi ancora. "Quattro", grande e nero con due buchi. È più facile prenderlo, ma appoggiarlo sul tavolo diventa difficile, sta per scivolarmi dalle mani. E infatti cade. Con un calcio lo allontano, prima che mi vedano e me lo facciano raccogliere. "Cinque", chiudo gli occhi e non lo guardo.

Non ce la faccio più, non li sopporto. Sono tutti dentro quella scatola di latta dei biscotti, e sono tanti. Apro la mano, la infilo dentro la scatola, punto uno di quei cosi, cerco di metterci l'indice sotto, poi chiudo la mano e stringo, sperando che non schizzi fuori. Non guardo più il colore e la dimensione.

Devo prenderli dalla scatola e metterne il più possibile sul tavolo, ma non riesco più a guardarli. Appena li vedo mi viene un senso di nausea.

Koumpounophobia, "paura dei bottoni": ne soffre una persona su settantacinquemila.

Scoprirlo mi ha riportata indietro, a quella scatola di latta piena di bottoni di tutti i colori, forme e dimensioni. Era un esercizio per imparare a usare le mani, protesi che ho portato per un tratto del mio percorso.

Ho iniziato da bambina: non ne capivo i motivi, ma accettavo la scelta dei miei genitori.

Quella parte dei miei ricordi è un po' annebbiata, grigio chiaro. Proprio come i pomeriggi d'inverno in cui il cielo decide di rimanere anonimo e di non dare indizi su ciò che ha intenzione di fare.

Anch'io non sapevo cosa fare. Passavo da momenti sereni ad attimi di sconforto. Le protesi mi sembravano un corpo estraneo: i miei piedi sostituivano in modo così naturale le mani che nulla avrebbe mai potuto rimpiazzarli. Inconsciamente non lo avrei permesso. Era una lotta impari: nessuna mano, per quanto tecnologicamente avanzata, avrebbe mai potuto prendere il posto della parte più importante del mio corpo.

Questa è solo la mia storia. Io ho la fortuna di godere di due piedi-mani speciali. Ma per tante altre persone le protesi sono un aiuto immenso e prezioso: è stato con questo spirito che i miei genitori hanno deciso di percorrere quella strada.

Fu un viaggio in una realtà parallela, in cui dolore e speranza si mescolavano per permettere alla vita di rinascere ancora. Al Centro protesi INAIL di Vigorso di Budrio, in provincia di Bologna, abbiamo incontrato decine di storie incredibili. Là dove tutto sembra essersi fermato a causa di un destino crudele, ecco brillare quella luce che consente di rialzarsi.

Ho imparato fin da bambina a non avere paura del dolore se dietro, nascosta, c'è la volontà di ricominciare a sorridere. L'ho visto accadere tante volte nei miei lunghi soggiorni al Centro: la speranza che si trasforma in possibilità concreta, sia per gli adulti sia negli occhi grandi dei bambini.

È grazie a questo percorso che ho capito che la diversità non è qualcosa di cui avere paura, ma è una ricchezza. Giocavo con bambine e bambini a cui mancavano braccia o gambe nello stesso modo in cui giocavo con i miei compagni di scuola. Non c'era differenza: erano tutti bambini. Non mi importava quanti arti avessero, mi importava solamente se erano simpatici e se volevano giocare con me. Ora mi rendo conto della grande possibilità che ho avuto: scoprire le sfaccettature del mondo senza averne paura, ma accogliendo ogni parte come qualcosa da cui imparare.

Nonostante tutto, però, non andavo al Centro con molto entusiasmo. Era fastidioso dover provare, indossare, imparare a usare le protesi. Non mi piaceva lasciare la mia casa, mia sorella, il papà, il nonno, i miei animali e i compagni di scuola. La mamma e io dovevamo trascorrere anche mesi interi al Centro e per me era un supplizio. Più di una volta ho anche iniziato lo sciopero della fame. Pensavo che se non avessi mangiato mi avrebbero rimandato a casa; quando capivo che non funzionava, ricominciavo a mangiare. L'unica persona che riusciva a darmi un po' di serenità e a calmare il mio animo ribelle era padre Vincenzo, il frate francescano del Centro, che sapeva sempre come prendermi. Ogni tanto andavamo a mangiare da lui, soprattutto quando passavamo in zona solo per una riparazione: ci accoglieva mettendoci a disposizione la tavola e il suo buon vino, e mio padre comprava i buonissimi prodotti tipici della zona. Io ero felice ogni volta che vedevo questo frate con la barba lunga e i piedi scalzi nei sandali. C'è un filo sottile ma potente che mi lega ai frati. Ci ho riflettuto anni dopo, quando ho incontrato padre Alessandro e i miei amici frati minori delle Marche. In padre Alessandro e suor Ar manda ritrovo la stessa serenità che riusciva a darmi padre Vincenzo da bambina. Anche questo è un segno che nulla accade mai per caso.

I miei genitori si inventavano gite e weekend culturali pur di farmi vivere nel miglior modo possibile questa esperienza, che non era certo una passeggiata. L'aspetto più difficile era considerare un corpo estraneo – fatto di plastica e metallo – come una parte di me. Non mi apparteneva, lo rifiutavo. E rifiutavo tutto il lavoro lungo e faticoso richiesto per imparare a usarlo. Provavo a prenderlo come un gioco, ma a volte era davvero pesante, anche per una bambina positiva e piena di vita come me. Tra uno sciopero della fame e l'altro, organizzavo recite e coreografavo balletti con tutti i bambini del Centro e arrivavo sempre a coinvolgere anche i più ribelli. Una volta sono riuscita a far piegare il ginocchio della protesi a una bambina che non ne voleva sapere: le feci imparare una canzone con relativo balletto che prevedeva il piegamento delle ginocchia. La sua mamma me ne fu molto grata, ma io non capivo il motivo di tanto entusiasmo: per me era solo un balletto, un modo per divertirci.

Ho avuto la fortuna di incontrare persone molto professionali e sensibili durante il percorso. I due tecnici ortopedici principali, quelli che hanno costruito le varie protesi che ho portato, sono Roberto Berselli e Roberto Cavrini, "i due Roberto", come amo chiamarli. Li ricordo come angeli perché mi hanno fatto sentire protagonista: non mi davano la sensazione di voler imporre al mio corpo qualcosa che lo "migliorasse", ma, al contrario, mi aiutavano a capire come le protesi avrebbero potuto essermi di aiuto. Non smetterò mai di ringraziarli.

Un giorno Roberto Berselli mi regalò un orsacchiotto: lo chiamai Roberto, come lui. Aveva gli occhi verdi come l'altro Roberto e per me rappresentava entrambi. Diventò il mio pupazzo preferito, tutte le notti lo portavo a letto con me e lo stringevo forte. Roberto, l'orso, è ancora nel mio armadio come uno dei ricordi più preziosi della mia infanzia.

Un giorno, avevo diciotto anni, ho trovato quel coraggio che sembrava non arrivare mai e ho abbandonato le protesi per sempre. Ancora mi domando perché non l'ho fatto prima: quella con le braccia non ero io. Io sono quella che non indossa né braccia né bottoni.

Ho ritardato quella decisione forse per rispetto nei confronti della scelta dei miei genitori, forse per paura. Forse non ha nemmeno importanza. Un giorno anonimo le protesi hanno smesso di fare parte della mia vita. Sono scomparse in un armadio e lì sono rimaste.

Mi sono sempre sentita completa così. Togliere le protesi mi ha fatto sentire libera e ancora più felice di essere come sono. Io sono stata disegnata così.

Anna

Anna ha dieci anni. Frequenta la quinta elementare, ma a settembre andrà alle medie, anche se ha un po' paura. Anna indossa un paio di ballerine rosa e un sorriso disarmante. Anna ha aspettato un mese per il regalo di Pasqua che la mamma le ha promesso. Una mattina la mamma è andata a prenderla a scuola prima della fine delle lezioni, senza che lei ne sapesse il motivo, e solo in macchina le ha svelato che quel giorno avrebbe avuto il suo regalo. Anna ha iniziato a saltellare sul sedile della macchina per la felicità. Sono arrivate a Padova in tempo. Mamma Claudia ha organizzato tutto con cura. Uno scambio di mail, qualche telefonata, ed eccole lì, per la conferenza stampa dello spettacolo.

«Simona, ci sono delle persone che ti stanno cercando» mi dice una voce mentre salgo le scale del Comune. Mi giro e Claudia e Anna sono lì. Non le ho mai viste, ma vado verso di loro come se le conoscessi da sempre. Due rampe di scale non sono un problema per Claudia, che esclama: «Meno male che sei piccolina, Anna!».

Sorrido: tra noi c'è un legame.

Raggiungiamo il cortile e ci godiamo insieme l'attesa della conferenza. Anna sembra un po' intimidita e si tiene stretta alla gamba della mamma, ma non smette un istante di osservarmi con i suoi occhi vispi. Scopro di essere io il regalo di Pasqua che attendeva con tanta ansia. Sorrido un po' imbarazzata e ascolto i frammenti di vita che mi offrono. Guardo Anna dall'alto dei miei tacchi e del mio viso truccato da adulta e mi sento vicina al suo mondo di bambina.

Sento affacciarsi sensazioni sfuggenti, non vogliono farsi afferrare, non vogliono tornare. Anna non racconta la mia vita, ma è come se mi appartenesse. Mi abbasso e mi appoggio sui tacchi – sembrano così precari – e in un attimo siamo occhi negli occhi.

Il suo sguardo mi obbliga a tornare indietro, a un momento che credevo di aver confinato nel passato per sempre.

«Da pochi mesi hanno messo ad Anna un busto ortopedico, non ci facciamo mancare niente!» squilla la voce di Claudia, come se mi stesse dando la notizia più bella dell'anno. «Anna però non l'ha presa molto bene, così io cerco di accontentarla come posso.»

Rimango stordita. Per un attimo la voce di Claudia sembra quella di mia mamma.

«Abbiamo dovuto modificarlo perché limitava i suoi movimenti» continua Claudia mantenendo sempre il contatto con sua figlia. Anna sorride, assecondando il racconto e aggiungendo particolari importanti e coloriti.

Mi racconta la sua vita da quella seggiolina a rotelle che costringe noi adulti a guardarla – lei, concentrato di energia e vitalità – dall'alto in basso.

Anna è nata con l'osteogenesi imperfetta, una malattia genetica che crea problemi a carico dello scheletro, delle articolazioni, degli occhi, delle orecchie, della cute e dei denti. La sua grinta è palpabile, mi entra dentro senza darmi scampo. Sono costretta a ripercorrere le esperienze che, in qualche modo, a distanza di quasi trent'anni, ci legano.

Avevo impacchettato con cura quei ricordi e li avevo riposti nello scaffale più lontano, quello buio dove non guardo mai. Ma quello sguardo, quella voglia di vivere hanno fatto luce. Ho visto di nuovo e non posso più scappare.

Allora scelgo. Scelgo di non avere paura: sono solo ricordi. Decido di affrontarli a viso aperto, con lo stesso sorriso di sempre.

Ritorno accanto ad Anna e, per un momento, mi sento come lei e i suoi dieci anni. Mi scopro a guardare di nuovo il mio corpo e la sensazione di essere stata così indifesa e forte allo stesso tempo mi piace. Quello che sono è semplicemente il risultato di un processo lungo anni: forse me ne rendo pienamente conto solo ora. Anna crede che io sia grande, mi vede come un modello da imitare. Forse non pensa che sono stata come lei. Non immagina che sono stata debole fisicamente, ma tenace nell'animo. Quel suo sorriso e quei suoi occhi attenti sono la cosa più importante che potrà mai avere e per un attimo ho la sensazione che l'abbia già capito, come forse l'avevo capito io alla sua età.

Il passato non demorde e sembra non volermi lasciare in pace.

La canottiera bagnata e attaccata alla pelle piano piano si asciuga dando libertà alla mia schiena. La pelle rossa cerca quella sensazione di sollievo che non ha avuto per tutto il giorno. La cassa toracica si libera con i grossi respiri che erano rimasti quasi bloccati dentro quel busto ortopedico. Ogni giorno provavo queste sensazioni con una ripetitività che sembrava impossibile da dimenticare. Invece la mente ci protegge più di quanto noi stessi immaginiamo.

Conosco Anna e tutto ritorna. Anna e i miei ricordi, Anna e i nostri busti.

Avevo appena compiuto undici anni quando quel busto ortopedico entrò nella mia vita, per rimanerci fino ai diciotto.

Ero una bambina allegra, triste raramente e per futili motivi, come tutti i bambini. Condividevo spontaneamente il mio mondo pieno di colori e di energia, e i miei genitori facevano di tutto per mantenerlo tale. Non credo che sia stato facile per loro assistere al mio cambiamento.

Per mesi la mamma mi portò da tutti gli ortopedici del Nord Italia, per capire quale fosse la soluzione migliore per la mia schiena. Era storta, e il mio modo di usare le gambe avrebbe potuto peggiorare la situazione durante la fase critica della crescita. Ci avevano proposto vari tipi di busti ortopedici, dal più semplice a quello con il collare.

Un giorno la mamma riuscì ad avere un appuntamento con un Grande Specialista di Milano. Ci eravamo preparate con cura, sperando che quel medico ci avrebbe dato speranza. Il viaggio sembrò lunghissimo. Dal finestrino vedevo i palazzi grigi della metropoli, alti e imponenti. Il cielo faceva *pendant*. Non ricordo nemmeno un colore, in quella giornata. Persino lo studio del medico aveva pareti bianche, senza vita, come quei palazzoni. Il dottore mi visitò, guardò e riguardò attentamente le radiografie che avevo fatto negli ultimi mesi. Lo osservavo intimorita, tentando di cogliere qualche segnale positivo. Fissavo anch'io la curva della mia schiena e speravo con tutta me stessa che potesse bastare il mio sguardo a raddrizzarla per sempre. Avevo una curva del 23 per cento a forma di S. "Non può essere tanto negativo: la S è l'iniziale del mio nome..." pensai per darmi coraggio. Finalmente il dottore appoggiò le mani sul tavolo e si sedette con calma. Il suo sguardo si allungò verso di noi e lui respirò a fondo prima di emettere la sua sentenza. Il discorso che sentii poco dopo sembrava il ronzio di uno sciame di api impazzite: benché mi sforzassi non riuscivo a capire con chiarezza nemmeno una parola. Poi, a un tratto, le api smisero di ronzare e le parole presero forma, a una a una, e suonarono ancora più tremende: «Dovremo metterle un busto in gesso che non potrà essere tolto perché la situazione potrebbe peggiorare, visto l'uso che fa della schiena».

Rimasi con gli occhi sbarrati e gli angoli della bocca rivolti verso il basso. Tentai con tutta me stessa di trattenermi e di rimanere attenta.

Il peggio doveva ancora venire. Non ero per niente preparata a quelle parole, nessun medico prima mi aveva detto una cosa del genere: «Sarà necessario anche smettere di danzare per sempre».

Smisi di ascoltare. La mamma mi appoggiò la mano sulla spalla. Non ricordo più nulla, il buio avvolse tutto in un attimo, come un temporale inaspettato.

Era la più crudele delle condanne: piansi per giorni e le lacrime non mi sembravano mai abbastanza. Avrei accettato di indossare qualsiasi busto, ma smettere di danzare mai. Fu il mio primo, grande dolore.

Fortunatamente la mamma decise di affidarmi alle cure di un altro ortopedico, che provò a mediare con garbo tra le varie esigenze.

Finii per indossare un busto ortopedico che mi arrivava fin sotto il seno. Avrei dovuto portarlo il più possibile e fare fisioterapia tre volte la settimana, ma mi sarebbe stato permesso di continuare a danzare.

Anche mia mamma, come quella di Anna, fece di tutto per alleviare le mie difficoltà.

La prima volta che tornai a casa con la schiena e il sorriso incatenati nel busto provai un senso di sconfitta. Non riuscivo a percepirlo come un aiuto: per me era solo una gabbia, del corpo e della mente. Ero così impacciata nei movimenti che non mi sentivo nemmeno io. Non potevo muovere liberamente le gambe, mi sentivo costretta.

Il primo giorno rimasi sdraiata sul divano, con la paura di sentire il minimo dolore. Come alzavo la gamba destra per fare qualsiasi cosa, la plastica mi segnava la carne.

La prima settimana fu di assestamento, fisico e psicologico.

Con il tempo il busto fu adattato in base alle mie esigenze di movimento e alla fine credo che fummo proprio io e il "signor busto" a trovare un accordo segreto: io lo avrei tollerato e "lui" mi avrebbe fatto meno male. Cercai di coinvolgere anche il mio umore nell'accordo e, dopo un po', riconquistai il sorriso. Qualche regalino e qualche coccola in più furono sicuramente d'aiuto, ma il mio impegno fu massimo: non ero certo disposta a rimanere in quelle condizioni quando, fuori, c'era tutta la vita ad aspettarmi.

Venne l'estate, andai in vacanza e, poi, avrei dovuto cominciare le scuole medie. Anche io, come Anna, ero impaurita. Stavo bene alle elementari e l'idea di affrontare un ambiente nuovo mi preoccupava, ma avevo così tanta voglia di crescere che ero disposta a tutto. Mi dicevo che, se ero in grado di superare la prova cui mi stava sottoponendo il mio corpo, sarei stata capace di superare anche questo cambiamento. Ce l'avrei fatta, lo sentivo. Iniziai a comprendere allora che avrei sempre avuto nuovi "indovinelli" da risolvere e che sarebbe dipeso da me con che spirito farlo.

Quando cominciò la scuola si presentò un altro indovinello. Come avrei fatto a portare sia il busto sia le protesi? Se fosse stato per me non avrei portato nulla, ma accettavo ciò che i miei genitori pensavano fosse giusto. Mi fidavo di loro, e forse anche quel percorso così difficile mi ha portato a essere ciò che sono ora. L'indovinello non fu una domanda da cento milioni di dollari perché la soluzione fu trovata in poco tempo. Ci vollero molte prove e tante ore di modifiche, ma un giorno, come nelle favole, arrivò il momento della creazione. Pinocchio era di legno, io invece ero di plastica e metalli vari. Portavo il busto ortopedico, sul quale si potevano incastrare le braccia e, per non farmi mancare proprio nulla, avevo anche l'apparecchio per i denti. Scherzavamo molto su questo in famiglia. Imparai che prendersi in giro spesso è il modo migliore per esorcizzare paure e difficoltà.

Ci riuscii per anni, finché l'adolescenza non mi portò via il sorriso con la stessa forza con la quale avevo sfidato convenzioni ed etichette.

Al termine dello spettacolo Anna era lì con la sua mamma, elegante nel suo vestitino da sera con le scarpette rosa. I capelli erano pettinati per l'occasione e indossava ancora il sorriso che non l'aveva abbandonata un attimo dalla mattina. Claudia era accanto a lei, bella come le giovani mamme.

Anna teneva tra le mani un quaderno rosa e mi chiese una dedica. Aveva aspettato tanto quel momento e finalmente era arrivato. Il suo regalo di Pasqua ero io: la ballerina, la pittrice, la donna.

E quella piccola Simona infilata dentro il busto ortopedico, con le protesi e l'apparecchio per i denti? Anna mi ha ricordato che nella donna che sono c'è ancora tanto di quella bambina. Il mio corpo è libero, danza, si muove ed è cresciuto insieme alla mia schiena storta, che non è peggiorata anche grazie al busto ortopedico.

Quella bambina, la bambina che sono stata, ha lottato per me: per il mio senso di libertà, perché potessi esprimere la mia arte.

Io posso darmi la forma che voglio

È nostra responsabilità darci la forma che vogliamo, liberarci di un po' di scuse e diventare chi vogliamo essere.

È tutto come noi decidiamo. Chi abbiamo intorno ci aiuta, ma a un certo punto della nostra vita dobbiamo essere noi a prendere in mano le redini e a manipolare la nostra esistenza perché ci assomigli.

Per fare questo bisogna rischiare. Se ci si tiene sempre sul bordo e non ci si sporge per guardare giù, la nostra visuale sarà limitata: molto di quello che c'è lì sotto sarà al di fuori della nostra portata. E, forse, lì sotto c'è proprio quello che fa per noi, quello che ci farebbe dire: "Wow!". Però bisogna rischiare.

Io preferisco sbagliare, ma agire. Il rimpianto è un sentimento che non mi appartiene. Forse mi sto buttando anche troppo, ma se non l'avessi fatto sarei tutta un'altra persona. Non rifarei alcune cose, come tutti, ma sono serena con me stessa, so di essermi rispettata e di avercela messa tutta, sempre.

È anche una questione di carattere: io so che, se le cose non vanno, posso sistemare la situazione con le mie forze. Se non va bene, ho comunque accumulato esperienza. Una volta la strada è quella giusta, un'altra volta no, però bisogna tentare, pena il vivere una vita che non è la nostra.

Molte persone soffrono e si lamentano ma non ci provano nemmeno a cambiare, non si assumono il rischio e si perdono tantissimo.

La scelta è nostra.

La responsabilità è nostra.

Siamo noi ad avere il potere.

17 gennaio 1991

Guardo fuori dal vetro e il resto del mondo è lì. La macchina corre veloce, mi sento protetta sul sedile posteriore. Cerco di distinguere i particolari del paesaggio che scorre, ma sfuggono via.

Al primo semaforo la macchina si ferma. Due ragazzi suonano la chitarra davanti a una casa fatiscente. A loro non importa, però, si scambiano sorrisi e sguardi complici. Il loro mondo è nelle loro due chitarre: non contano la casa diroccata né il mio sguardo. Sembrano due personaggi di un presepe moderno messi nel posto sbagliato. Chiusa nella macchina non riesco a sentire la loro musica, ma immagino che sia la più bella del mondo, perché ha il suono dell'immaginazione.

Appoggio, stanca, la testa al finestrino. Il freddo del vetro mi fa sussultare, ma, quando mi ci abituo, la sensazione diventa piacevole. Chiudo gli occhi e mi chiedo: "Quante volte suoniamo una musica che gli altri non possono sentire?".

All'improvviso torno a quattordici anni: sono di fronte alla vetrata d'ingresso della mia scuola, trasparente come il finestrino dell'automobile dove appoggio ora la fronte. Una mattina di settembre la varcai per la prima volta e cominciai a suonare la mia musica. Forse gli altri non la potevano sentire. Forse anche loro erano dietro un vetro. Forse la loro macchina andava a una velocità diversa dalla mia. Basta un'immagine, nitida e precisa, per raccontare tutto un periodo? Come la foto che non sei mai riuscita a scattare.

La macchina procede per la sua strada e torno al vuoto e al silenzio di allora.

Se avessi potuto, avrei passato l'adolescenza a scappare. Io non avrei sentito gli altri, ma nessuno avrebbe sentito me, le mie risate, le mie lacrime. La mia musica sarebbe rimasta inascoltata. Fa male quando nessuno ti dedica un applauso e nemmeno ti critica.

Anni dopo mi sono accorta che, nonostante tutto, avevo continuato a suonare e, un giorno, ero diventata talmente brava che qualcuno si è fermato ad ascoltarmi. Senza quel percorso, però, nessuno avrebbe notato me e la mia melodia. Ho riscoperto così il senso di quel periodo – difficile, che a volte mi ha fatto davvero male – e ora sono Simona anche grazie a quello.

Avevo compiuto quattordici anni a giugno e il primo anno delle superiori stava per cominciare. Attendevo quel momento: significava una nuova vita, significava che stavo crescendo, ma allo stesso tempo ne avevo paura. Le novità mi entusiasmavano, ma quella mi sembrava un cambiamento troppo grande.

Avrei dovuto prendere il treno tutti i giorni alle 7.21. Poi dalla stazione di Tradate un pullman mi avrebbe portato alla grande scuola sulla collina. Non conoscevo praticamente nessuno, solo Elena e Barbara, due ragazze del mio paese che avevano frequentato un'altra sezione della mia scuola elementare.

Il primo giorno di scuola di fronte alla vetrata avevo il terrore negli occhi: mi sentivo piccola, indifesa, e desiderai tornare indietro, alle medie. Lì non c'era niente di familiare, anche le ragazze sembravano diverse da quelle che avevo sempre frequentato.

Ero certa che tutto sarebbe cambiato, e infatti cambiò. Solo che io non ero pronta.

Dovevo farmene una ragione: lo chiamavano "crescere", ma mi sembrò da subito più complicato del previsto. Reagivo alle cose in modo diverso da come avevo sempre fatto: la mia capacità di trasformare tutto solo con un sorriso era scomparsa, la magia era finita. Da bambina serena e spensierata mi ero trasformata in un'adolescente ombrosa e insicura: non riuscivo a rassegnarmi, e più mi sforzavo per ritornare com'ero meno ci riuscivo. Era come se la luce che mi aveva sempre avvolto stesse per spegnersi. La musica che suonavo? Nessuno sarebbe riuscito a sentirla.

Simona "la bambina" non c'era più. Mi sentivo intrappolata in una forma che cambiava, in un corpo che non era il mio. Il mio patto di non belligeranza tra il "signor busto" indossato a undici anni e la mia schiena si stava incrinando.

Il 17 gennaio 1991 cambiò la vita di molte persone e, in un certo senso, anche la mia. Scoppiò la guerra del Golfo. Le Nazioni Unite penetrarono in territorio iracheno: operazione Desert storm.

Quello stesso giorno iniziò anche la mia guerra. Contro il mio corpo e contro me stessa. La schiena decise di non rispondere più ai miei comandi. Avvertivo dolori che mi bloccarono a letto per tre lunghissimi mesi. Dal divano del salotto seguii tutte le cronache di guerra.

Il mondo si era bloccato insieme alla mia schiena. Non

riuscivo più a muovere le gambe come avevo sempre fatto. Non potevo più andare a scuola. Ero bloccata in quel corpo che sembrava non funzionare più. Mi sentivo fragile e sola. La guerra contro il mio corpo e la mia mente era cominciata e non sapevo come combatterla. Mi chiusi in me stessa, con un istinto di difesa che avrei preferito non mettere alla prova. Lasciavo che la vita mi scorresse addosso, come se non fosse affar mio.

Da subito mi curarono con medicinali che mi facevano dormire per giorni, nonostante la mamma dimezzasse le dosi.

Furono mesi terribili, perfettamente impressi nella mia mente. Sono tutti lì a ricordarmi che la mia schiena è il motore della mia vita e che devo sempre prendermi cura di lei.

Allora si trattava di una questione legata allo sviluppo. Dovevo trovare il giusto equilibrio tra la scoliosi e il modo in cui mi servivo del mio corpo. L'uso che facevo di gambe e piedi era sicuramente particolare e aveva causato questo problema, con conseguenti dolori.

Cominciai la battaglia tra ciò che sentivo di essere e ciò che, invece, dovevo inevitabilmente vivere. Cercavo me stessa negli altri e non trovavo nulla: mi sentivo intimamente diversa. Non volevo essere uguale a nessuno, volevo essere me, ma la diversità può fare anche molto male. Fa soffrire perché agli altri fa paura.

Quando tutto è uguale, monocromo, nessuno deve sforzarsi: è lapalissiano, è così. Se, però, appare qualcosa di diverso, se nel quadro compaiono altre tinte, per accettarle bisogna fare uno sforzo: bisogna comprenderle. E perché complicarsi la vita quando è più facile fingere di non vedere e limitarsi a percorrere la strada che si conosce? Io non sapevo quale sarebbe stata la mia strada, ma quella degli altri non mi sembrava giusta per me. Forse non l'avrei percorsa in nessun caso, braccia o non braccia, ma allora non ci pensavo. Pensavo che sarebbe stato più facile essere uguale, essere come tutti. Guardavo le mie compagne e vedevo la vita "normale" che avevo sempre vissuto anch'io. Solo che, adesso, la mia era cambiata. Perché? Perché? Perché? Come potevo fare per modificare le cose? Ci ragionavo continuamente, ma non trovavo risposte. Sentivo solo che non sarebbe mai finita, non avrei mai smesso di crescere, avrei portato per sempre quel busto, sarei stata in trappola per tutta la vita. Avevo paura.

Non so come uscii da quell'incubo.

Un giorno tutto finì, con la velocità con cui era cominciato. O perlomeno così mi parve. Qualcuno decise di scendere da quella macchina in corsa e si fermò ad ascoltare la mia musica. Ogni giorno intorno a me vedevo sempre più persone.

La schiena si era sviluppata. Fine. Esattamente come avevo indossato il busto ortopedico la prima volta, un giorno lo tolsi per non metterlo mai più.

La guerra del Golfo andava avanti, la mia era finalmente finita.

Roma ci attendeva

Roma ci attendeva come se avessimo preso un appuntamento.

Nel 1992 l'Associazione dei pittori che dipingono con la bocca e con il piede organizzò una cinque giorni di eventi a cui avrebbero partecipato pittori da tutto il mondo: una mostra a Palazzo Ruspoli, convegni, molte visite in giro per la città e l'udienza con il papa.

Invitarono me insieme a un accompagnatore, ma pensammo subito di trasformarlo in un viaggio di tutta la famiglia. La mamma e il papà presero le ferie e Gioia si organizzò per essere libera da impegni universitari. Quando ci disse che avrebbe dovuto dare un esame proprio in quei giorni, la mamma non esitò un attimo: «L'esame puoi spostarlo alla prossima sessione, questo evento capita una sola volta nella vita». Le sue parole suonarono come una profezia.

Roma era elegante come solo una diva sa essere.

Gioia aveva ventitré anni, era molto posata e tranquilla. La sua vita era sempre stata scandita da scuola, danza e famiglia. Timida e introversa, era un po' intimorita dal mondo al di fuori della cerchia ristretta di chi le voleva bene e sapeva comprenderla e, al contrario di me, non si lanciava mai in avventure imprevedibili. Controllava la sua esistenza senza lasciare che gli eventi si impossessassero di lei.

Ma a Roma tutto cambiò. Come fu possibile ancora me lo chiedo, ma la vita a volte ci mostra colori e sfumature che prima non riuscivamo a vedere; allora tutto si trasforma e scorre così velocemente che più cerchi di afferrarlo meno ci riesci.

Quei cinque giorni per Gioia furono così. Ho sempre creduto al colpo di fulmine, pensavo sarebbe successo a me, mentre ero convinta che non sarebbe mai capitato a Gioia. Mi sbagliavo completamente.

La prima volta che vide Earl, un ragazzo canadese figlio di un pittore dell'Associazione, fu nella hall del nostro hotel. Rimase incantata come davanti a un'apparizione. Anche lui la guardò e, per un attimo, il tempo sembrò fermarsi insieme a loro. Quando riprese a scorrere, probabilmente era già troppo tardi. Si erano incontrati e non si sarebbero più lasciati. Loro però non potevano saperlo e racchiusero in quei pochi giorni tutti i desideri di una vita.

Ora li guardo, e a distanza di diciannove anni mi chiedo che cosa sia successo allora, a Roma; quale alchimia abbia fatto sì che una ragazza timida e all'apparenza un po' fragile riconoscesse in un ragazzo altrettanto introverso e chiuso, che viveva dall'altra parte del mondo, un suo simile. Poi guardo i loro tre bambini e tutto diventa più semplice.

In quei giorni Earl e Gioia si osservarono prima da lontano e poi, piano piano, si conobbero. Nemmeno la lingua fu una barriera. Gioia aveva studiato inglese alle superiori, anche se non lo amava per niente. Prima di partire per Roma le avevo detto di portare un vocabolario tascabile perché avremmo incontrato tanti artisti stranieri e avrebbe potuto esserci utile. Ricordo ancora la sua risposta lapidaria: «Non ho nessuna intenzione di spiccicare una parola in inglese». Anche questa suonò come una profezia, perché da quel giorno l'inglese diventò la sua lingua. Ora che la sento parlare in inglese con il marito e i figli ci ripenso e mi scappa da ridere.

Non si può mai escludere niente nella vita. Non possiamo dare per scontato che qualcosa non accada, perché potrebbe diventare invece una parte fondamentale della nostra quotidianità.

Gioia ed Earl lo scoprirono allora. Quel sentimento appena nato doveva già essere messo alla prova: Earl tornò in Canada, noi in Lombardia. La vastità dell'oceano fu implacabile. Racchiusero nelle lettere imbucate in una cassetta postale tutte le loro speranze e lasciarono che il destino facesse il resto. La prima lettera di Earl sembrava non arrivare mai. Gioia controllava la posta ogni giorno, tornando dall'università. Nostra nonna, Antonietta, ansiosa quanto lei, verificava prima, dopo e durante, e la aggiornava: «Ancora niente». Eravamo tutti coinvolti in quell'attesa.

Dopo un mese Gioia cominciò a perdere le speranze. Non riusciva a rassegnarsi all'idea di aver vissuto solo un sogno.

Un giorno, però, arrivò un corriere. Non era una semplice lettera, era un pacco. La nonna dovette usare tutto il suo self-control per trattenere la curiosità, e io con lei. Gioia prese il pacco e, senza nemmeno mangiare, corse in camera sua. L'attesa fu estenuante. A un certo punto la nonna e io, che eravamo rimaste in cucina a friggere per la curiosità, sentimmo Gioia scendere le scale con il pacco in mano. Earl le aveva spedito un libro sul Canada con tanto di dedica e, all'interno, la lettera. Il tutto era rimasto fermo alla dogana di Como: per questo i tempi si erano allungati, facendoci stare tutti con il fiato sospeso. Sfogliammo il libro fino a consumarlo.

Non era un sogno. Il sentimento che Gioia aveva provato era vero e resisteva, anche con un oceano di mezzo. Le lettere iniziarono ad arrivare frequentemente, Earl non mandò più nessun pacco. Gioia rispondeva subito e l'inglese che tanto odiava iniziò a diventarle più familiare. Un giorno Earl le chiese se potevano scriversi via fax. Noi non ce l'avevamo: all'epoca non lo si possedeva a meno di non gestire una qualche attività da casa. Gioia ne scovò uno di seconda mano: quando arrivò il primo fax dal Canada fu un evento per tutta la famiglia. La nonna era affascinata da questo nuovo "attrezzo" e ogni volta che Earl mandava un fax lei prendeva il metro da sarta e lo misurava. Quando Gioia tornava dall'università, la nonna le correva incontro e, sulla porta, le comunicava la lunghezza. «Oggi il fax dal Canada è lungo un metro» esordiva compiaciuta, anche perché, a mano a mano che la corrispondenza continuava, le misure crescevano. Più il fax è lungo, più la storia è seria, sembrava pensare la nonna. Chissà, forse aveva ragione.

Lei non arrivò a vedere il loro matrimonio, se ne andò nel 1993, un anno dopo il loro incontro. Però conobbe Earl la prima volta che venne in Italia a trovare Gioia e se ne innamorò, forse più della nipote. Vedere Gioia fidanzata era per lei la soddisfazione più grande, e sono sicura che il giorno delle nozze avrà gioito dal cielo.

Si sposarono il 26 novembre 1994 in Canada, in una piccola chiesa a Port Stanley, vicino a London. La mamma, il papà, io e la zia Elisa eravamo lì. Gioia voleva sposarsi con un semplice tailleur bianco che aveva già comprato, ma noi intendevamo farle una sorpresa. Senza dirle niente, la zia e la mamma le cucirono un abito da sposa e io dipinsi le maniche e il fiocco che le avrebbe cinto la vita con boccioli di rosa.

In Canada i colori autunnali avevano già lasciato spazio ai primi freddi. Quel giorno una leggera nevicata accolse Gioia ed Earl all'uscita dalla chiesa. Fu una sensazione strana, quasi surreale. La festa con i parenti canadesi fu organizzata dai genitori di Earl e per noi fu un'opportunità per cominciare a conoscere le loro tradizioni. Io danzai durante il ricevimento e mi emozionai vedendo mia sorella vestita di bianco accanto al suo amore. Una parte di me sentiva di averla persa, l'altra sapeva di aver conquistato molto altro, soprattutto la sua felicità. Fu difficile lasciare il Canada quella volta, ma il sorriso di Gioia mi aiutò ad andarmene.

Gioia pianse al ritorno da Roma. In macchina, seduta sul sedile posteriore accanto a me, consumò un fazzolettino dopo l'altro. Io cercai invano di consolarla. La felicità di aver vissuto un'esperienza così travolgente si mescolava con l'incertezza su come sarebbe andata a finire. Il papà, che silenziosamente era concentrato sulla guida, ogni tanto sentiva un singhiozzo alternato a una soffiata di naso. Riuscì a mantenere il silenzio e a trattenersi da ogni commento finché all'improvviso, ingenuamente, domandò: «Gioia, ma piangi così tanto per l'emozione di aver incontrato il papa?».

Una risata stemperò l'atmosfera. Da allora abbiniamo le lacrime di mia sorella ai due incontri che, in modi diversi, hanno segnato la vita della nostra famiglia.

Un uomo chiamato papa

Le prime ad apparire sul foglio bianco sono le sue mani. Sembrano schiudersi come un fiore che a primavera prende vita. Poi si uniscono in un gesto di preghiera. Sono giunte, sembrano mostrare l'intenzione di avvicinarsi alla bocca.

Tutto il resto della figura ancora tace, mentre le mani parlano già una lingua che lui conosce bene. È la lingua dell'amore, quella che papa Giovanni Paolo II usava per comunicare con tutti.

Avevo iniziato a dedicarmi ai ritratti e mi affascinava lo sforzo di cogliere le espressioni. Trasmettere qualcosa attraverso le linee dei volti era come entrare nell'anima delle persone per catturarne uno stato d'animo, un pensiero, un modo di essere. Era come avere accesso ai loro sentimenti più intimi, quelli che si preferisce non svelare.

La bellezza del ritratto è che cela un segreto. Ciò che il pittore scopre è impresso nella tela, ma non sempre chi guarda riesce a carpirlo. A volte rimane un segreto tra il pittore e la persona ritratta, e questo è intrigante.

Il mistero di quel ritratto cominciava a svelarsi, piano, a partire dalle mani.

Tenevo talmente tanto a quell'opera che, davanti alla mia famiglia, cercavo di sembrare disinteressata, per non suscitare troppe domande. Avevo paura di deluderli, ma più di tutto avevo paura di sbagliare. Lavorai con attenzione per settimane finché, un giorno, al ritorno da scuola, decisi di dedicarmici con un impegno che ricordo ancora.

Volevo dare vita a quel quadro. Era troppo importante.

Papa Giovanni Paolo II era lì, davanti ai miei occhi. Con le sue mani giunte e il suo sguardo dolce sembrava parlarmi.

Sullo sfondo dipinsi la cupola di San Pietro, maestosa e potente, a simboleggiare la sua grandezza.

Sussultai quando vidi l'opera conclusa: per un istante non mi sembrò neppure mia. Rimasi impietrita a guardarla per lungo tempo. L'istinto fu quello di lavorarci ancora, volevo renderla perfetta. Ma non sapevo nemmeno io cosa fare per migliorarla. Mi resi conto che se avessi continuato avrei rovinato tutto, così mi fermai.

Lui mi guardava come per dirmi che l'opera era finita e pronta per il grande momento.

1° aprile 1992: l'Associazione dei pittori che dipingono con la bocca e con il piede aveva organizzato un incontro in San Pietro. Entrammo dalla navata laterale. Le guardie svizzere ci fecero accomodare. Io sedevo accanto alla mamma, mentre Gioia e nostro padre stavano nelle panche subito dietro le file riservate ai pittori. Ricordo una grande gioia, come se stessi per rivedere un amico. In fondo era davvero così: il nostro incontro era già avvenuto in quel disegno, il suo volto mi era familiare, ne conoscevo già le pieghe e i lineamenti.

La mamma aveva fatto incorniciare il quadro e lo teneva accanto a sé con cura, come se avesse paura di perderlo. Aveva scelto una cornice dorata ma semplice, per enfatizzare la delicatezza del ritratto. In una mano stringeva la lettera che avevo scritto per il papa, raccontandogli qualcosa di me e del mio mondo di giovane donna al tramonto dei suoi diciassette anni. A giugno ne avrei compiuti diciotto e già mi sentivo grande e pronta per la vita.

Smisi di pensare quando lo vidi, e venni invasa dalla serenità.

Camminava piano. Non vedevo l'ora che mi arrivasse vicino, per potergli sorridere davvero. La malattia l'aveva già colpito e i segni iniziavano a intuirsi.

Quando mi arrivò davanti, la sua figura mi apparve maestosa e imponente. Sorrise, e mi entrò dentro con una potenza sconvolgente. Era lui, lo riconobbi subito. Quelle mani che tanto avevo osservato prima e durante il disegno adesso erano su di me. Mi accarezzavano e il loro calore mi fece sospirare. Mi guardò in volto, puntando con forza i suoi occhi nei miei. Non potevo sbagliarmi: in quell'istante era lì per me. Mi chiese come mi chiamavo e da dove venivo. La mamma gli mostrò il quadro e lui, come in una danza, aprì le braccia e rimase un istante ad ammirare il suo ritratto. Quella sua immagine allo specchio lo fece sorridere. Mi chiese come lo avevo realizzato e quanti anni avevo. La mia voce era intrappolata e risposi a fatica. Prima di andarsene mi posò nuovamente le mani sul volto e mi diede la sua benedizione. Chiusi gli occhi, per trattenere quella luce il più a lungo possibile. Quando li riaprii, non era più davanti a me. Solo allora riuscii a sorridere di gioia.

San Pietro, che in altre circostanze mi sarebbe apparsa così solenne da mettermi in soggezione, mi sembrò stranamente familiare, come la casa di un amico.

Non se ne fa un altro: così titolava un importante quotidiano la mattina dopo la morte di Giovanni Paolo II. La sagoma del pontefice occupava tutta la pagina.

Mentre le lacrime mi rigavano le guance rivissi il nostro incontro. Il mio primo istinto fu dipingerlo di nuovo. Volevo rendergli omaggio con un quadro che non avrei mai potuto donargli.

Cominciai dal volto, il piede tremante per l'emozione.

Appoggiai il pennello sulla tavolozza e chiusi gli occhi.

Riandai con la memoria alla sensazione di serenità provata durante il nostro incontro e tornai sulla tela.

Non ho mai più provato niente di simile nel dipingere. Lavorai per giorni ininterrottamente e senza sentire la fatica. Il nostro nuovo appuntamento era cominciato. Volevo riconoscerlo di nuovo dalle linee del volto e delle mani.

È stato un grande papa per i giovani, per i malati, per tutti coloro che lo hanno amato.

Io, però, quel giorno a San Pietro ho conosciuto un grande uomo. Ho visto la semplicità nella sua grandezza e quell'emozione non mi ha più lasciato. Ho visto un uomo che ha saputo fare della propria vita un capolavoro e accettare la malattia come una prova, come un'esperienza, senza averne paura.

Sento quella luce brillare ancora dentro di me.

Solo un'amica

17 giugno 1994. Volo Malpensa-Toronto. Eravamo pronte. Avevamo organizzato tutto nei dettagli. Nel nostro zaino c'erano un libro per quando ci fossimo stancate di chiacchierare, anche se la possibilità era davvero remota, e giochi di società in versione tascabile, che avevamo selezionato con attenzione. Il passaporto e il biglietto erano pronti per essere mostrati al check-in e all'imbarco.

La mia amica Manu e io avevamo sognato quel viaggio per mesi.

Era tale la nostra euforia che quasi ci dimenticammo di salutare i nostri genitori, che ci baciarono e abbracciarono come se stessimo partendo per lo spazio.

Invece, prima del previsto atterrammo a Toronto. Come vidi Gioia, mi buttai tra le sue braccia. Avevo sognato tanto insieme a lei il suo nuovo amore e il loro futuro da non aver considerato che se ne sarebbe andata. Quasi all'improvviso mi ero trovata sola e perduta. Appena la sentivo al telefono piangevo e non riuscivo a parlare. Mi sembrava che la mia vita non avesse senso: non riuscivo più a essere serena e il mio solo pensiero era rivederla.

Quando arrivammo in Canada era il 18 giugno: il giorno del mio compleanno.

Mentre Earl ci aiutava a incastrare i bagagli nell'ascensore di casa, Gioia sparì. Per un momento Manu e io pensammo che se la fosse squagliata per la paura di averci in casa un mese intero e a quell'idea iniziammo a ridere. A un tratto, la vedemmo spuntare dalla cucina con un'enorme torta che cercava di non far cadere per terra. L'aveva fatta per me con le sue mani. L'aspetto era parecchio canadese, ma ero sicura che il sapore sarebbe stato tutto italiano. Mi cantarono in coro "Buon compleanno", metà in inglese e metà in italiano: ero felice. Dopo tanti mesi sentivo affacciarsi il gusto per la vita che avevo smarrito con la partenza di mia sorella. La nostra avventura ora poteva iniziare.

Avevamo deciso di frequentare un corso di inglese, che sarebbe iniziato il giorno dopo al Fanshawe College di London, una città dell'Ontario.

Manu e io ci conoscevamo da una vita o, meglio, lei conosceva me da quando eravamo bambine, mentre io di lei non avevo memoria. Abbiamo frequentato lo stesso asilo, eravamo in classe insieme, ma io avevo rimosso tutto. Lei invece aveva un ricordo molto chiaro di me. Ci siamo riviste anni dopo, al liceo linguistico. Un giorno, per caso, abbiamo preso il treno insieme.

«Lo sai che è grazie a te se non sono diventata cieca?» Aveva esordito così, seduta sul sedile di fronte al mio. Mi ero guardata intorno per capire se stesse parlando con qualcun altro, ma c'ero solo io.

«Ci conosciamo?» le avevo detto timidamente.

Lei mi aveva raccontato che un giorno, all'asilo, ero andata dalla maestra e le avevo detto: «Come mai Manu va sempre vicino alla lavagna per leggere?». La mia domanda aveva insospettito la maestra, che l'aveva riferito alla sua mamma, la quale l'aveva portata da un oculista. Era stato così che avevano scoperto che Manu doveva portare gli occhiali.

Ero scoppiata a ridere e da quel giorno eravamo diventate inseparabili. Manu e io siamo state la spalla l'una dell'altra per tutti i cinque lunghi anni di liceo. Insieme costituivamo una squadra imbattibile, come Batman e Robin, come Sherlock Holmes e Watson; un solidissimo tavolino a due gambe che riusciva egregiamente a rimanere saldo e in piedi. Insieme abbiamo superato tutti gli ostacoli, tutte le paturnie adolescenziali, tutti i malesseri esistenziali, tutta l'agonia dei friabili rapporti sociali che nascono in quegli anni. Alla fine di tutto, della scuola, degli esami, della crescita, della scoperta delle nostre ombre, Manu e io avevamo deciso: adesso basta, adesso si va. Si va a vivere e a divertirci, finalmente, lontano da tutto. Adesso si mettono un oceano e svariate migliaia di chilometri tra noi e tutta quella fatica, e si salpa per le Americhe, alla scoperta di un nuovo mondo e di una nuova vita: la nostra, quella che ci meritiamo. "Andiamo a prendercela" ci eravamo dette. "Vado a riprendermi Gioia" avevo pensato subito dopo.

Il Fanshawe College ci aspettava e l'idea ci faceva impazzire dalla gioia.

Il primo giorno arrivammo talmente presto che fummo costrette ad aspettare fuori. Lentamente giunsero tutti gli studenti, che provenivano da ogni parte del mondo: spagnoli, tante ragazze giapponesi, alcuni coreani e molti sudamericani. La maggioranza, però, arrivava dal Messico. Noi eravamo le uniche italiane e l'idea non ci dispiaceva affatto. Il corso era interessante e riuscivamo a seguirlo con facilità.

Facemmo amicizia con i ragazzi. Ogni giorno un incontro nuovo, un nome straniero da ricordare, una sfumatura culturale e linguistica da assimilare. Imparammo parole di giapponese, coreano e spagnolo.

Manu e Humberto, un ragazzo di Città del Messico, iniziarono ad avvicinarsi. Era bello vederla così piena di vita. La sua risata e la sua capacità di divertirsi sembravano aver trovato la dimensione che cercava da anni, e io ero fiera di gioire insieme a lei.

Avevo l'impressione di recuperare quella serenità che per tanto tempo mi aveva abbandonato. Ero accanto a mia sorella e stavo vivendo un'esperienza unica. La felicità mi gonfiava il cuore. Decisi di non averne timore e mi lasciai cullare.

Nella scuola c'era un altro gruppetto di ragazzi messicani, che però non era in classe con noi. A ogni cambio dell'ora correvo fuori per vedere lui. Era bello, moro, aveva gli occhi scuri e profondi e lo sguardo di chi sa bene di piacere alle ragazze. Per un istante questo pensiero mi bloccò. Vinsi ogni inibizione e gli sorrisi. Lui ricambiò. Iniziammo a salutarci sempre più spesso finché un giorno, timidamente, ci parlammo. Avevo vent'anni, ma mi sentivo una bimba alla sua prima cotta. Lui si chiamava Eduardo e aveva un anno più di me. Viveva a Monterrey e studiava all'università. Nonostante l'aria da Casanova sembrava uscito da un romanzo dell'Ottocento: i suoi gesti verso di me erano così delicati che sembravano di un'altra epoca.

Era fatta: Manu e io ci eravamo prese una bella sbandata.

Dopo le lezioni uscivamo con gli amici. Le nostre culture si mescolavano con quella canadese, e il melting pot era esplosivo. Manu e io ci godevamo ogni attimo passato con Humberto e Eduardo. Quando, la sera, tornavamo a casa, eravamo così felici da non riuscire quasi a dormire per l'emozione. Gioia ogni giorno aspettava il nostro ritorno per sapere le novità.

Come ogni favola, anche questa ha avuto il suo finale.

Il giorno del rientro in Italia arrivò troppo presto. Anche i ragazzi messicani dovevano tornare alla loro vita ed era giusto così. Non avevo paura della partenza, perché Gioia ed Earl tornavano in Italia con noi. Sapevo che poi mia sorella sarebbe comunque dovuta ritornare in Canada, ma sentivo di aver acquistato una nuova consapevolezza e una rinnovata forza. Ero pronta a iniziare la mia vita fisicamente lontano da lei.

Per mesi Manu e io passammo ore a ricordare il nostro indimenticabile viaggio.

Lei e Humberto iniziarono a scriversi assiduamente. Ogni tanto si sentono ancora oggi. Manu però ha trovato il suo Fabio qui in Italia ed è felice insieme a lui. Eduardo e io, invece, ci siamo scritti per un breve periodo. Lui mi mandò alcune foto che lo ritraevano insieme ai suoi genitori e durante la laurea. Poi tutto finì, con la semplicità con cui era cominciato, e di quel periodo rimasero solo bei ricordi.

Sembra passato un secolo, ma se torno indietro con il pensiero mi accorgo di quanto quel viaggio sia stato fondamentale per la mia vita e per quella della mia amica Manu.

Quel mese di scuola, di esperienze, di amicizie, di amore e di vita ci diede la spinta, che fino ad allora non avevamo trovato, per affrontare la nostra quotidianità. Fu una carica infinita di positività da cui abbiamo attinto per tanto tempo.

Ora Manu e io siamo donne e abbiamo ancora la fortuna di condividere le nostre esperienze. A volte mi domando cosa sia rimasto di quelle due ragazzine. Non cerco una risposta, forse non c'è. Siamo sempre noi, solamente con qualche anno in più. Penso al dono di poter avere delle amicizie vere e che durano nel tempo, quelle che non cambiano con i successi e nemmeno con il dolore. Quell'affetto che rimane tale, anche se si trascorre insieme sempre meno tempo.

Mi sento fortunata quando guardo Manu e le mie amiche più care: so che loro vedono solamente Simona. Non la ballerina o la pittrice, non la donna forte e coraggiosa che gli altri apprezzano. Per loro sono solo me stessa, con i miei pregi e i miei difetti. Per loro sono solo un'amica.

Io posso difendermi

Il mio amico Emanuele dice che soffro di "protagonismo involontario": sono protagonista anche se non lo voglio. La gente mi guarda.

È interessante notare la differenza tra gli sguardi di chi mi ha riconosciuta perché mi ha vista ballare – e sono sguardi pieni di ammirazione, di intesa, sono sguardi buoni – e quelli di chi, invece, vede solo quello che non c'è: le braccia. Ok, non ho le braccia. Pazienza. Gli sguardi compassionevoli non li sopporto. Sono invasivi, talvolta pesanti.

Ogni tanto mi ci diverto: restituisco lo sguardo e aggiungo un sorriso. Non posso essere così "poverina" se sorrido, giusto? Ogni tanto però, quando sono arrabbiata o triste e vorrei solo essere uno stelo anonimo tra la folla, mi sento debole e non ho l'energia per difendermi con il sorriso. Allora quegli sguardi mi feriscono, perché non ho filtri per proteggermi.

Parecchi pensano che, dato che non ho le braccia, sia un loro diritto fissarmi. Sono strana, devo capire. Questo, secondo me, non è giusto. Io sono una, quelli che mi fissano magari sono venti: ciò che non mi fa né caldo né freddo su un palco mi mette a disagio in stazione, per strada, al ristorante.

Credo che la nostra civiltà non sia educata a percepire ciò che non rientra in canoni prestabiliti come un altro modo possibile: ha paura del diverso, oppure lo considera un errore, uno scarabocchio del quale può fare ciò che vuole, dall'alto della sua "normalità".

Dato che sensibilità e accortezza sono rare, ho elaborato delle strategie di autodifesa. Ho imparato a essere molto discreta quando sono in luoghi pubblici e mi appresto a fare cose che, per alcuni, potrebbero essere "strane".

Per esempio, se sono su un treno e voglio leggere un libro, comincio con discrezione a togliermi le scarpe, alzo la gamba lentamente, con eleganza, apro piano la borsa e così via. Chi lo nota mi guarda, capisce e mi lascia stare. Ci fa l'occhio. Il suo sguardo diventa non invasivo.

Se io per prima mostro rispetto per gli altri, non sbattendo loro in faccia il mio modo di fare le cose, anche gli altri mostreranno un po' più di rispetto nei miei confronti.

Il cielo del Canada

La macchina si ferma davanti al cancello. Il mio sguardo corre alla collina. La casa è lì, come se ci fosse sempre stata. Ora è tutto al suo posto. Ma...

Era l'estate del 1996 e avevamo una vita da costruire. Raggiunsi mia sorella Gioia in Canada insieme alla mia amica Roberta. Era il primo viaggio insieme a lei, quello importante, quando si è grandi abbastanza per prendere in mano la propria vita e darle una direzione. Non lo sapevamo, ma fu anche il nostro ultimo viaggio insieme: Roberta aveva conosciuto Luca pochi mesi prima di partire e al suo ritorno in Italia avrebbe trovato una nuova vita ad aspettarla, un lavoro, un fidanzato che poi sarebbe diventato marito e, anni dopo, due bellissime bambine. Allora, però, tutto questo era ancora nascosto e noi eravamo solo Simona e Roberta, due amiche cresciute insieme. Siamo così diverse: lei chiusa e timida e io espansiva e chiacchierona. Forse è proprio grazie a questo che la nostra amicizia dura ancora: ciascuna possiede ciò che l'altra non ha.

Arrivammo a Toronto inseguite dalla luce del giorno, senza essere riuscite a dormire nemmeno cinque minuti in aereo. Gioia ed Earl vennero a prenderci all'aeroporto e, insieme, ci lanciammo sulle infinite strade canadesi, tutte dritte e, in apparenza, uguali. Soltanto il paesaggio che scorreva veloce riusciva a darci l'idea che non eravamo fermi nello stesso punto. La Dundonald Road è una strada lunghissima che porta fino agli Stati Uniti; solo conoscendo la vegetazione sarebbe stato possibile intercettare quello che sarebbe diventato il cancello di Gioia. Allora non c'era niente: solo una collina dal declivio lieve e, intorno, verde.

Gioia, Earl e io l'avevamo percorsa in lungo e in largo, quella collina. D'inverno, con la neve alta così, avevamo passato intere domeniche a immaginare la casa che sarebbe sorta.

In quel momento, invece, era estate, e i lavori erano già iniziati. La colata di cemento per le fondamenta era stata fatta, la legna giaceva a lato, pronta per essere utilizzata.

Papà era in Canada già da un mese: era partito il giorno dopo essere andato in pensione. Non aveva rimandato nemmeno di ventiquattro ore. Gioia e suo genero lo attendevano per gettare le basi della loro casa e della loro nuova vita, e lui non poteva mancare.

In attesa che la costruzione fosse pronta avremmo vissuto in una piccola dépendance di legno, che Earl e papà avevano realizzato in poco tempo. Roberta si era aggregata inconsapevolmente alla nostra avventura. Davanti a noi, un mese di vacanza immerse completamente nella natura.

Respirammo i profumi della campagna canadese e imparammo a riconoscere i rumori della vegetazione intorno a noi. Le nostre giornate erano scandite dalla luce del sole: ci svegliavamo all'alba e andavamo a dormire quando faceva notte e le lucciole decidevano di abbandonarsi al buio. Nessun computer, nessun cellulare, solo un telefono fisso, che usavamo per chiamare l'Italia. Roberta telefonava alla sua famiglia e noi alla mamma. Sarebbe andata in pensione a breve e allora ci avrebbe raggiunti.

La mattina, svegliandoci presto, potevamo vedere i cervi attraversare il prato in fila indiana. La proprietà era conosciuta proprio per questi avvistamenti, ma Gioia ed Earl non ne avevano idea al momento dell'acquisto. Era stato un colpo di fortuna, o forse solo il loro destino. Erano alla ricerca di un terreno sul quale costruire la loro casa, quando erano stati attratti da un cartello rovesciato per terra. Avevano fermato la macchina sul ciglio della strada ed erano scesi per vedere cosa ci fosse scritto: FOR SALE, "in vendita". Era un posto bellissimo. Sotto c'era un numero di telefono che Gioia aveva trascritto su un foglietto trovato in macchina. Arrivati a casa avevano chiamato ed erano rimasti stupefatti: il prezzo della proprietà era irrisorio, viste le dimensioni.

Gioia, da italiana, aveva pensato subito che doveva esserci qualche inghippo se costava così poco e non era stata ancora venduta. In effetti un motivo c'era: il terreno era troppo piccolo per gli standard canadesi. L'incredulità aveva lasciato il posto all'euforia e in un baleno ci eravamo trovati lì, in una proprietà minuscola per i canadesi e immensa per noi.

Ci costruimmo una grande casa e la vita. Gioia ed Earl erano sposi felici ed entusiasti, la mamma e il papà complici amorevoli dei loro sogni. Io ero una vagabonda, in cerca del mio posto nel mondo.

Dopo qualche anno decisi di studiare alla University of Western Ontario. Lontano da Gioia tutto sembrava diverso e la facoltà di Visual Arts era quella che avevo sempre sognato.

Avevo passato i cinque anni del liceo linguistico a sognare l'Accademia di belle arti di Brera a Milano, ma mi ero trovata di fronte a un muro di difficoltà, limiti e imposizioni. Ricordo solo l'immensa delusione di vedere tutte le mie speranze infrangersi, ma ho rimosso ogni dettaglio.

L'ho fatto altre volte nella mia vita: è una sorta di metodo per soffrire di meno. Ho cancellato tutto, persino il dolore. La vita mi ha insegnato, e anche in quell'occasione è stato così, che se qualcosa non deve realizzarsi è perché c'è qualcos'altro che mi aspetta. Sono abituata a combattere da sempre, ma sentivo che la mia strada non era lì e che dovevo cercare altro. Mentre la mamma e Gioia si angustiavano, io stavo già pensando a cosa dedicarmi. "Continuerò con le lingue", fu il mio primo pensiero, e mi iscrissi alla facoltà di Lingue e letterature straniere. Furono due anni importanti e sereni, finché Gioia non decise di riprendere gli studi in Canada.

Scelse la facoltà di biologia e scoprì che ne esisteva anche una di arti visive. Mi chiamò praticamente urlando: «Simo, c'è una facoltà meravigliosa, proprio come piacerebbe a te!». Mi mise la pulce nell'orecchio. In fondo non c'era nulla che mi tratteneva in Italia e l'idea di fare ciò che avevo sempre voluto, e accanto a mia sorella, mi rendeva felice.

Tutte le notti, prima di addormentarmi, sognavo di essere in Canada, e come sarebbe stata la mia nuova vita. Assaporavo l'idea di avere vicino Gioia e di fare quello per cui sentivo di essere nata.

Con la mamma e il papà iniziammo a pensare concretamente di trasferirci tutti là. Senza il loro pensionamento sarebbe stato impossibile, ma con quella possibilità così vicina tutto sembrava più fattibile. Avremmo dovuto ricominciare da zero: chissà se ne eravamo consapevoli? Ci buttammo, senza pensare ai sacrifici e alle rinunce, certi che stavamo andando incontro a un futuro migliore.

Io, però, per una volta feci le cose con criterio. Dopo l'esperienza all'Accademia di Brera pensai che fosse opportuno incontrare la preside della facoltà di Visual Arts. L'inverno precedente avevo superato il TOEFL, il test per valutare le capacità linguistiche di studenti che non sono di madrelingua inglese, e potevo dimostrare di conoscere la lingua. Avevo fatto trasferire tutti i documenti dall'università italiana a quella canadese, e mi erano stati accreditati cinque esami. Era tutto pronto, mi ero persino iscritta ai corsi. Mancava solo questo incontro.

Arrivai all'appuntamento con tutta la famiglia. Gioia e io scendendo dalla macchina raccomandammo alla mamma di rimanere fuori: potevamo aspettarci di tutto da lei.

L'ingresso della facoltà era immenso e, al tempo stesso, familiare. Non appena varcai la soglia, però, la tensione mi attanagliò lo stomaco. E se qualcosa non fosse andato bene? Le scale per salire all'ufficio della preside erano troppo poche per smaltire quella paura. L'istinto fu quello di scendere e rifarle di nuovo, ma mi limitai a seguire Gioia che, al contrario, mostrava una calma che mi rassicurò. La segretaria, una signora indiana, molto sorridente, ci avrebbe subito annunciato.

«*Mrs Lennon is waiting for you*» ci disse pochi minuti dopo. "La signora Lennon vi sta aspettando."

La preside ci accolse con un grande sorriso e ci fece accomodare. Mi diressi verso la scrivania, e solo a metà strada mi resi conto che la sua mano indicava l'altro lato della stanza, dove c'erano un tavolino rotondo e qualche sedia. Ci sedemmo composte, come vecchie amiche pronte a sorseggiare un tè.

Madeline Lennon era una donna affascinante. Con quella gonna plissettata blu e il taglio di capelli alla moda sembrava uscita da una rivista francese. Ci chiese subito: «*What can I do for you?*». "Cosa posso fare per voi?" Gioia si affrettò a spiegarle che mi ero iscritta alla facoltà e che non avevo le braccia. Lei non se n'era accorta. Mi guardò e ci chiese, di nuovo: «*Ok. So, what can I do for you?*».

Gioia e io ci guardammo stupite. Le spiegammo che venivamo dall'Italia, evitammo di dire che avevo avuto una brutta esperienza e le raccontammo semplicemente il percorso che mi aveva portato a scegliere di studiare in Canada. Lei mi domandò a quali corsi mi ero iscritta, mi disse che i professori erano bravi e che non avrei avuto nessun problema. Gioia e io avevamo portato anche un album con le foto dei miei quadri, ma non ci fu bisogno di mostrarglielo. Non dovevo superare nessuna prova: ero a tutti gli effetti una studentessa di Visual Arts.

Mentre, ancora incredule, tiravamo un sospiro di sollievo, la preside si interessò dell'Italia e volle sapere da dove provenivamo esattamente. Pensammo che fosse un atto di cortesia, finché lei, sfoderando un meraviglioso italiano, non ci disse che era a propria volta italiana, ligure di Camogli. «Lennon non rivela le mie origini, è il cognome di mio marito.» Ci raccontò di essere nata a New York da genitori liguri e di essere arrivata in Canada con il marito per lavoro. Entrambi erano diventati cittadini canadesi. A quel punto Gioia e io eravamo serene come non avremmo mai immaginato.

Dopo aver chiacchierato Madeline si offrì di farci visitare la struttura. Sulle scale notammo una figura che ci veniva incontro. Non potevo credere ai miei occhi: la mamma aveva disubbidito ai nostri ordini, era entrata e si aggirava come in un parco pubblico all'interno dell'edificio. Gioia e io ci affrettammo a presentarla alla preside, e lei esplose in un «Ciao!» che lasciò nostra madre stupita e senza parole, un fatto più unico che raro. Fu l'inizio di un percorso di studi indimenticabile e anche di una bella amicizia con Madeline, che dura tuttora.

Il mio entusiasmo era alle stelle. Non vedevo l'ora di iniziare. A settembre Roberta sarebbe tornata in Italia e io sarei andata alla University of Western Ontario.

Il primo mese di vacanza immersi nella natura sembrò durare un'eternità e fu stupendo. Gioia, Roberta e io stavamo sempre insieme, parlavamo per ore, leggevamo libri che non avremmo mai letto e facevamo lunghe passeggiate in compagnia del nostro pastore tedesco, Romi.

Papà ed Earl lavoravano assiduamente alla costruzione della casa, noi li aiutavamo nei limiti del possibile, ma più che altro cercavamo di godere appieno di una natura che, fino a quel momento, ci era stata pressoché estranea.

Agosto è un mese caldo anche in Canada, e questo ci aiutò parecchio.

Arrivò la notte di San Lorenzo. Ci sdraiammo sul cemento del futuro pianoterra della nuova casa. Le prime suddivisioni in legno degli ambienti interni erano già state fatte: immaginammo di trovarci in cucina, poi in salotto e poi in camera da letto. Senza le luci della città il cielo sembrava uno sterminato soffitto, fatto apposta per attaccarci le stelle. Era immenso, scuro. In Canada non è mai nero come l'inchiostro, ma è di una tonalità grigio-blu che sembra ottenuta dalla sapiente mescolanza di colori fatta da un pittore esperto.

Gioia era concentrata nel distinguere le costellazioni. Aveva trovato il Grande Carro e il Piccolo Carro e ce li mostrava orgogliosa.

Io cercavo di vedere le stelle cadenti, per esprimere più desideri possibile. Li avevo pensati con cura a uno a uno: il primo era per la mia nuova vita, il secondo era per l'amore che speravo di trovare, e poi tanti altri che adesso non ricordo più.

Chissà quanti di quei desideri si sono avverati.

Sicuramente il desiderio che la casa fosse costruita si avverò, ma non nei tempi sperati. I soliti imprevisti e ritardi ci costrinsero a rimanere nella dépendance per tutta l'estate. Quando Roberta tornò in Italia, eravamo ancora lì. L'inverno canadese era alle porte e non ci avrebbe lasciato tregua.

Il primo giorno di lezioni arrivò con la consapevolezza che, per la prima volta, Gioia e io avremmo frequentato lo stesso istituto, sia pure in due facoltà diverse. Avendo cinque anni di differenza, fino ad allora ogni volta che io iniziavo un ciclo di studi lei lo finiva. Ero euforica. Gioia avrebbe frequentato l'ultimo anno di biologia.

Partimmo la mattina presto, l'aria iniziava a farsi più fresca. Percorremmo per la prima volta i settanta chilometri che dividevano la nuova casa dalla città di London: avrei fatto quel tragitto ogni giorno dal lunedì al venerdì per cinque anni.

Per tutto il viaggio non smisi di parlare, ero troppo eccitata e non volevo lasciare spazio a nessuna preoccupazione.

L'università era una città nella città, con semafori, negozi e strade. Lasciammo la macchina nel parcheggio degli studenti. Il tragitto da fare per raggiungere la mia facoltà era lungo, ma quel mattino non immaginavo che d'inverno sarebbe stato un calvario.

La mia prima lezione era alle dieci. Gioia cominciava alle nove e poi mi avrebbe accompagnato. Non sapendo dove aspettarla, decisi di fermarmi su una panchina nel giardinetto tra la facoltà di biologia e quella di zoologia. Portai con me un libro da leggere per far passare il tempo, ma Gioia mi ritrovò un'ora dopo esattamente nella stessa posizione in cui mi aveva lasciato. Non avevo osato nemmeno muovermi, mi ero limitata a guardare le persone che passavano, controllando com'erano vestite, come si muovevano e parlavano. Erano tutti ragazzi come me, ma mi sembravano così diversi...

Gioia mi richiamò alla realtà: «Simonaaa! Dobbiamo andare alla tua lezione, sbrigati!». Mi alzai di scatto e la seguii senza nemmeno sapere se stesse andando nella direzione giusta. Mi fidavo di lei, lo avevo sempre fatto e in quel momento, così lontana da casa nostra, mi fidavo ancora di più.

La mia aula era piena, tutti chiacchieravano fra loro. Per un istante l'inglese mi sembrò una lingua incomprensibile. Anche i gesti di quelle persone mi parvero così diversi da tutto ciò che conoscevo.

Mi chiesi dove fossi capitata e se davvero volessi rimanere lì. Mi immaginai in fuga, una ballerina velocissima su quelle strade diritte: prima o poi sarei arrivata in Italia, a casa mia. Avrei imboccato la mia piccola strada chiusa in periferia, avrei suonato il campanello e la mamma mi avrebbe aperto. Sarei corsa in camera, al sicuro. Soffocai quel pensiero e rimasi immobile. Gioia mi spinse dentro l'aula e mi accompagnò al mio posto. Era la lezione di *drawing*, disegno.

Il professor David Merritt entrò sicuro in aula e Gioia mi strizzò l'occhio: «Torno alla fine della lezione». Adesso era la mia lingua a suonarmi stonata. Che casino!

L'aula era grande e senza tavoli, c'erano solo sedie e panchine con strane fenditure di lato. Avrei scoperto nei giorni successivi che servivano per appoggiare le tele. Il professore iniziò a parlare e cercai di sintonizzarmi sull'inglese: sarebbe stata la mia lingua e dovevo iniziare a sentirla davvero mia. Spiegò come si sarebbe svolto il corso e poi ci consegnò un elenco di tutto il materiale che avremmo dovuto acquistare. Dipingevo da tutta la vita, eppure tanti di quei nomi non li conoscevo. Presto avrei imparato tutto, facendo fatica a trovare i corrispettivi italiani.

Conobbi una ragazza che, per un segno del destino, si chiamava Joy, l'equivalente inglese del nome di mia sorella. Sembrava uscita da un telefilm americano: bionda, con i capelli lisci e gli occhi azzurri.

La mia avventura alla Western Ontario era cominciata. Lì non solo imparai la storia dell'arte e altre tecniche di pittura, disegno, video, animazione e via dicendo, ma trovai soprattutto una straordinaria possibilità di indipendenza. A questo traguardo si aggiunse una meravigliosa sensazione di libertà: poter girare serena e sola per il campus mi faceva stare bene.

La prima volta che uscimmo sul prato a disegnare, una ragazza mi fece una foto e mi chiese come mi chiamassi. Mi limitai a sorridere e a farle lo spelling del mio nome e cognome. Il giorno dopo la mia foto era in prima pagina sulla rivista dell'università. Sotto c'era scritto: *"Simona Atzori, student of Visual Arts painting outside"*. "Simona Atzori, studentessa di arti visive, mentre dipinge all'aperto."

Quando arrivai in facoltà tutti mi sorridevano. Capii il perché solo quando Joy sopraggiunse con la rivista in mano: «*Hey, you are famous now!*». "Sei famosa ora!" Vergognandomi un po', afferrai alcune copie della rivista e le misi in borsa. Appena tornata a casa avrei chiamato la mamma. Era ancora in Italia, la aspettavamo per ottobre.

L'autunno era arrivato, tingendo di rossi accesi e gialli luminosi le foglie e la vegetazione. Avevo sempre pensato che le cartoline che rappresentano l'autunno canadese fossero un po' finte. "Questi colori non possono esistere in natura!" mi dicevo. Sbagliavo di grosso: non solo esistevano, ma erano ancora più vivi e vibranti.

Il tragitto da casa all'università divenne una fonte di ispirazione. Passavo il tempo a cercare sfumature nuove. Sembrava che un pittore stravagante si fosse divertito a dare colpi di pennello grondante di colore a tutte le piante che incontrava sulla sua strada. Nel frattempo ero alle prese con le nuove tecniche che i professori ci insegnavano. Ogni giorno c'erano un compito o un *project* da svolgere e la dépendance era davvero troppo piccola per tutte le attrezzature e i materiali che usavo.

Poi un giorno i colori sparirono, le foglie caddero come spazzate dal vento. La prima nevicata era alle porte e sapevamo che quel bianco accecante non ci avrebbe abbandonato per mesi.

Rifarei tutto, anche i mesi in quella dépendance, senza tante comodità, tutti insieme in poco spazio. I nostri sogni erano più forti di tutto il resto. Eravamo noi, eravamo insieme, e quella era la nostra nuova vita. Oggi, dopo quindici anni, passiamo in Canada il periodo di Pasqua. La casa è la regina della collina e guarda dall'alto in basso quella piccola casetta spoglia poche centinaia di metri più in basso. Non siamo soli: tre piccoli esserini e un uomo si sono aggiunti alla nostra vita. Gioia ed Earl hanno dato la vita a Matthew, Sophia e James, e io condivido la strada con il mio grande amore, Andrea.

Quella terra è stata solo nostra per tanti anni: ci ha cresciuti, insegnandoci a volare. Non saremmo gli stessi senza quell'esperienza. C'era già tutto, quella notte di San Lorenzo: i nostri desideri, la nostra passione e la tenacia per realizzarli.

Volo d'amore

Mi sembrava di conoscerlo da sempre. Le sue gambe si muovevano nervosamente e lo sentivo così simile a me, così mio. Più questa sensazione si insinuava dentro di me, più la scacciavo: "Non lo conosco, come faccio a pensare una cosa simile?".

I suoi occhi castani, rotondi e con le ciglia lunghe mi guardavano mentre sul suo volto si spalancava un sorriso enorme. Non sapevo dove, ma mi sembrava di aver già incontrato anche quel sorriso. Quelle sensazioni non volevano andarsene, crescevano a ogni parola e a ogni brivido che provavo.

Quando Andrea entrò nella mia vita fu come un vortice, non sarei riuscita a respingerlo nemmeno se ci avessi provato.

Roma ospitò il nostro incontro e accolse la nascita del nostro amore.

Lui mi aveva scritto, come fanno tanti. Avevamo parlato per telefono della mia pittura, della mia danza. Io in Canada, lui in Italia: due vite diverse, scandite da ritmi completamente opposti.

Quando quel viaggio mi portò a Roma, le nostre strade si unirono. Sarebbe potuto essere solo un incontro con una persona speciale, invece fu l'inizio della nostra vita insieme. Conoscevo quel sorriso e scelsi i suoi occhi dal primo momento in cui si posarono su di me.

Prima, però, mi opposi con tutta la forza che avevo. Non potevo rinunciare alla mia vita e ai miei progetti per iniziare qualcosa che non conoscevo e che mi spaventava. Me lo ripetevo continuamente, ma la pancia e il cuore mi portavano nella direzione contraria.

Il nostro primo vero appuntamento fu davanti a un ospedale. Non ci importava il luogo, non ci importava Roma: volevamo solo guardarci negli occhi e scoprire chi eravamo.

Il cellulare squillò, e un numero apparve sul display. Non sapevo di chi fosse, non lo avevo ancora memorizzato. «Ciao, Simona, sono Andrea.» Ci eravamo lasciati pochi minuti prima. «Sono a un bivio: se vado dritto torno a casa, se giro a sinistra torno da te, cosa faccio?»

Ci misi qualche secondo per realizzare, poi improvvisamente dissi: «Gira a sinistra».

Afferrai la borsa, uscii dalla camera e dopo qualche minuto eravamo insieme. Il suo abbraccio avvolgente mi fece sentire così protetta che ogni volta che mi abbraccia torno a quella prima volta. "Lo conosco già" continuavo a dirmi. Un bacio lieve, e lo sentivo già mio.

Poi danzai. Danzai per l'onore di ricevere il premio Michelangelo e danzai per lui e per il nostro amore appena nato. Lo cercai con gli occhi quando chiamarono il mio nome. Mi tremavano le gambe e quasi non mi sentivo all'altezza: il premio Michelangelo lo ricevono persone importanti dopo una lunga carriera artistica. Io mi sentivo solo una ragazza che aveva esaudito un sogno. O due.

Poi sono partita. Per non smarrirmi, per essere fedele a me stessa, perché non sarei stata io se non avessi portato a termine quell'impegno.

Ero già in volo quando una lacrima scese pesante sul mio viso, solitaria. Non sentivo l'impulso di piangere, ero solo emozionata. Tamponai la piccola linea che si era fatta largo nel fondotinta, alla ricerca della perduta uniformità, ma gli occhi rimasero lucidi, come se avessi pianto per ore. Mi consolai pensando che diventano verdissimi quando piango: lo so, vanitosa come poche.

Andrea mi avrebbe aspettato. Lo sentivo. Il mio cuore sentiva che non era solo e, ovunque lui fosse stato, il suo ricordo non mi avrebbe abbandonato. Questo pensiero, però, invece di consolarmi mi commosse. Seduta su quella poltrona d'aereo troppo grande, cessai di pensare al trucco e mi abbandonai alle lacrime. Dovevo smettere di oppormi. Dovevo smettere di resistere. Dovevo smettere di essere forte.

In volo mi sento protetta, vicina a tutte le persone che amo. Mi sembra di essere in una bolla sospesa nel tempo e nello spazio, in nessun luogo e in tutti i luoghi nello stesso istante.

Insieme a quella sensazione di libertà e di armonia con il mondo recuperai un po' di calma. Ero stanca, quasi ubriaca per tutte le emozioni dei giorni precedenti e avevo bisogno di metabolizzare.

«*Chicken or beef?*» La voce della hostess mi fece sussultare dallo spavento. "Pollo o manzo?"

«*Chicken*» risposi frettolosa. Desideravo solo che se ne andasse e mi lasciasse sola insieme al mio pianto.

Mia sorella mi sedeva accanto, forse più stanca di me, anche lei con la sua personale sbornia emotiva da smaltire. Mi aveva vista per la prima volta ballare in un contesto prestigioso: ogni tanto mi sbirciava e sor-

Simona da bambina: a sinistra, appena nata, viene festeggiata dai genitori nel giorno del battesimo, a destra, a cinque mesi, "danza" con il suo papà.

Nel 2001, la laurea in Visual Arts presso la University of Western Ontario, in Canada. Nella foto è con la sorella Gioia, il papà e la mamma.
Da allora Simona ha esposto in tutto il mondo. A destra è ritratta durante l'inaugurazione di una personale a Rovigo, nel 2008.

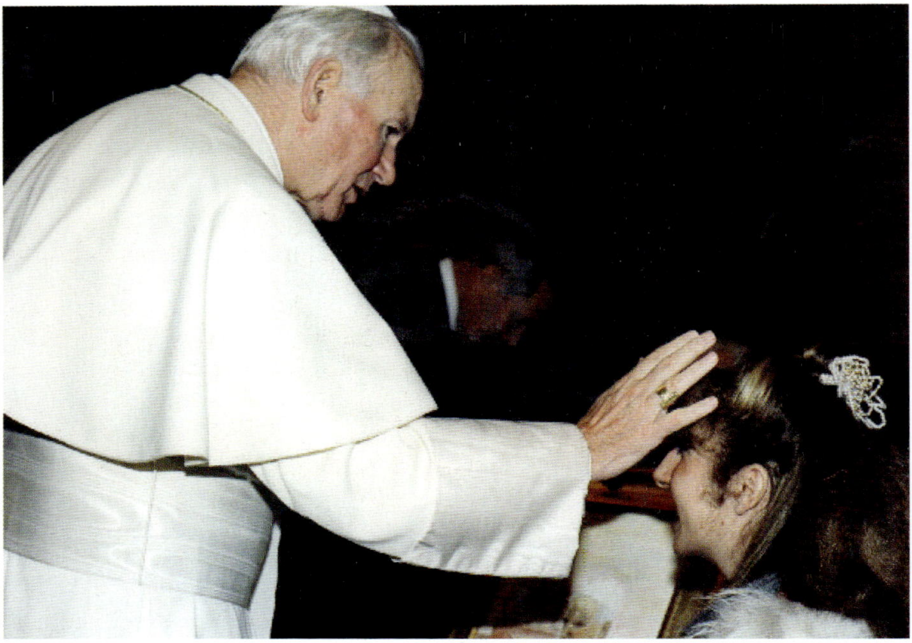

Nel 1992 Simona viene ricevuta da papa Giovanni Paolo II, insieme a una delegazione della VDMFK, l'associazione delle persone che dipingono con la bocca e con i piedi.

Simona con uno dei suoi "angeli", Candido Cannavò, conosciuto mentre raccoglieva storie per il libro *E li chiamano disabili*. Qui sono ritratti al Pescara Dance Festival del 2005.

Simona alla guida. Sotto, prende parte al Fly for Life project di Jeff Onorato, campione di sci nautico, a La Maddalena.
(© Gabriele Rigon)

Istantanee dal backstage di spettacoli e incontri: Simona al trucco, durante un incontro motivazionale a Montevarchi e in Kenya, circondata dai bambini del Saint Martin, nel novembre del 2010.
(© Gabriele Rigon)

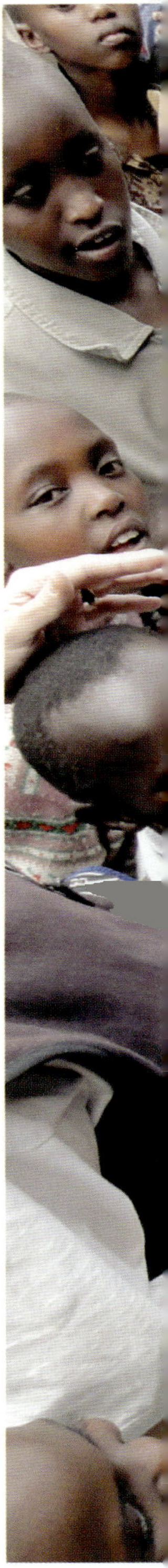

Simona balla con Luca Alberti durante la cerimonia di inaugurazione delle Paralimpiadi invernali di Torino, nel 2006. In bianco, la danza di apertura.
(© Gabriele Rigon)

Luca e Simona dopo il valzer finale.

Simona consegna il premio Atzori a Roberto Bolle dalle mani di Franca Roberto, la moglie di Candido Cannavò, dopo essersi esibita al Roberto Bolle and Friends, a Taormina, nel 2009.

Simona si esibisce a Vigevano nel 2010 con Marco Messina. Danzano il passo a due *Passione*, durante lo spettacolo *Me*. (© Alberto Reina)

Ancora lo spettacolo *Me*: a sinistra Simona con Salvo Perdichizzi (© Andrea Signori) e, a destra, con Eloisa Milletti e Mariacristina Paolini (© Alberto Reina).

Simona e Giusy Sprovieri danzano
per i detenuti del carcere kenyota di Nyahururu.

Il ritratto di Carla Fracci ispirato a *Giselle* che Simona ha donato all'étoile nel 2006.

LibertArte, olio su tela, 2006.

Volo d'amore, pastello su carta, 2001.

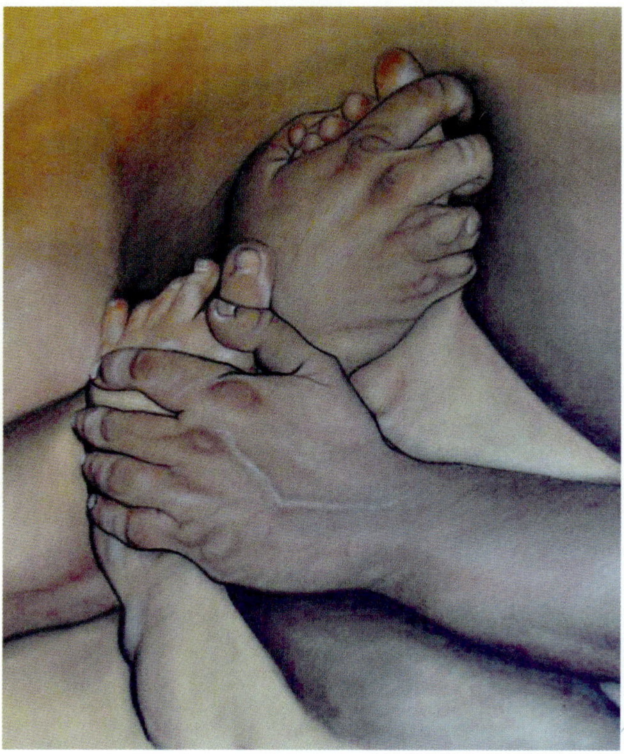

Uno dei quadri della serie Abbracci: *MeeTe* (pastello su carta, 2003).

(© Gabriele Rigon)

rideva di felicità e soddisfazione. Non aveva bisogno di dirmelo: sapevo che era orgogliosa di me.

Lo scossone alimentare mi aveva riportato bruscamente nel mondo reale e mi resi conto che, ancora una volta, un aereo mi stava portando via da chi amavo. Era successo troppe volte. E ogni volta avevo sperato, forse creduto, di riuscire a scovare il segreto per non soffrire, ma non c'ero riuscita.

Dovevo tornare in Canada e laurearmi. Un anno, un solo anno ancora e avrei ottenuto la cosa che desideravo di più: tanti anni di studio e di impegno, di viaggi, di aerei che mi portavano via da qualcuno e che mi ricongiungevano alle persone amate... Quella soddisfazione me la sarei goduta fino in fondo. Per una volta nemmeno la danza avrebbe potuto essere più importante. Nemmeno l'amore.

Avevo un altro sogno nel cuore e l'intenzione di esaudirlo. Nessun colpo di fortuna, nessun aiuto dall'esterno: la laurea era solo mia e ce l'avrei fatta contando solo su me stessa. Il sostegno degli altri era stato fondamentale, ma il merito lo sentivo tutto mio.

Era ciò che dovevo fare in quel momento: avrei avuto la possibilità di condividere la mia pittura con persone provenienti da tutto il mondo, sarei cresciuta artisticamente e umanamente. Avevo l'opportunità di concentrare tutte le mie forze su un progetto d'arte concreto. Sognavo di unire le mie due grandi passioni, la pittura e la danza, e l'idea mi entusiasmava.

Quel Boeing 767 mi trasportava verso una delle mete più importanti della mia vita: non potevo mancare.

Però. Però, per una volta, partivo per tornare.

Credevo che sarebbe stata l'unica. Una delle poche. Su quanti altri aerei avrei provato le stesse sensazioni? Non potevo immaginare che sarebbero stati così tanti, che ad aspettarmi ci fossero anni di viaggi, di distacchi e ricongiungimenti, di sofferenza e felicità.

Chissà se allora Andrea e io avremmo scommesso sulla nostra vita insieme. Non so. Però ci abbiamo creduto davvero e ora siamo qui, ancora, dopo dieci anni.

A volte, la sera mi fermo a guardarlo, mentre scrive concentrato al computer. I suoi occhi sono piccoli dietro gli occhiali che porta ogni tanto per leggere. Scorrono veloci sullo schermo, come se volessero scoprire chissà quale segreto. Tra i suoi capelli neri si è già insinuato qualche "intruso" bianco. E le sue mani sono grandi e forti. Mi sembra di conoscerlo da sempre, la stessa sensazione che provai la prima volta. Il mio Andrea: fragile e forte allo stesso tempo. Mi giro e gli sorrido. Lui contraccambia.

Vorrei potergli dire tante cose, ma la quotidianità a volte stende su tutto il suo colore uniforme. Spesso è il silenzio a brillare dei colori più intensi. Allora continuo a sorridere e a guardarlo compiere quei gesti un tempo sconosciuti, ora parte di me, di noi.

È questo l'amore? Non lo so. Forse è questo e altro ancora. O forse non è niente di tutto ciò. Magari sarà la vita stessa a farcelo scoprire. Nell'attesa stringo quell'uomo alla mia vita. Continuo a sorridergli, a guardarlo in silenzio, a volare con le nostre ali. E a chiamarlo amore.

Io posso essere Simona

Se uno dice di se stesso: "Io sono disabile", c'è qualcosa che non va.

Innanzitutto la frase non è chiara: potrebbe non vedere, non camminare, avere un dente storto, non avere le braccia, non sentire, avere problemi di cuore… "Disabile", come tutte le parole a spettro troppo ampio, non vuol dire niente.

Poi, perché identificarsi con quella parola? Perché pensare a noi stessi come a persone che hanno qualcosa meno degli altri?

Ci identifichiamo sempre con quello che non abbiamo, invece di guardare quello che c'è. Perché? Forse è questione di educazione: capisco che una persona che viene considerata "poverina" dal momento in cui nasce faccia fatica a scrollarsi quell'etichetta di dosso. Ma deve provarci, è suo dovere prendere in mano il suo destino. Anche se costa fatica, anche se richiede sacrificio e impegno. Se accetterà come sua l'etichetta, finirà per identificarsi con l'unica cosa che non ha e tralasciare tutto il resto.

Un giorno, a una conferenza stampa, ho incontrato una mamma. Mi ha detto: «Io ho due bambine, una che danza e una disabile». Ho pensato immediatamente a mia madre, che non mi avrebbe mai etichettata con la parola "disabile".

Le parole danno forma al corpo. Se quella mamma crede che sua figlia sia una disabile, la figlia si sentirà tale, che lo dica esplicitamente o meno.

Ringrazio ogni giorno i miei genitori per avermi trattato come mia sorella, né più né meno. E per avermi messo nelle condizioni di vivere la mia vita. Tant'è che nella mia quotidianità io non faccio caso a una quantità di gesti che compio diversamente dagli altri. Mangiamo? Mangiamo. Tengo la forchetta tra le dita del piede come gli altri tra quelle della mano.

Se proprio devo usare un'etichetta, cerco di premettere la parola "persona": è una persona disabile, è una persona non vedente, è una persona senza braccia. Allora tutto assume un valore diverso, perché quella persona non è solo "disabile", "non vedente", "senza braccia", ma è anche, e prima di tutto, altro: "persona".

Se io vengo identificata come ballerina, come pittrice, significa che gli altri vedono non una persona senza braccia, ma una persona che sa fare alcune cose.

Spero che questo cambiamento di prospettiva possa riguardare anche altri – il ragazzo sulla sedia a rotelle, la ragazza con i capelli viola o il giovane col naso storto – perché la diversità è ovunque: è l'unica cosa che ci accomuna. Siamo tutti diversi, e meno male, altrimenti vivremmo in un mondo di formiche.

Squadrarci da lontano, rimanendo prigionieri di etichette e pregiudizi, non facilita la conoscenza, lo scambio, la scoperta dei mondi e delle storie nascoste negli altri. È solo dando valore a ogni persona, a ogni vita, che possiamo crescere, aprire l'orizzonte, diventare più flessibili, meno timorosi. Più ricchi.

Un angelo in libera uscita

Mi svegliai di scatto. Con gli occhi ancora incollati dal sonno provai a guardarmi intorno: mi capitava spesso di svegliarmi non ricordando dove fossi. Mi alzai a sedere: comodino, letto, moquette, porta, tenda, finestra, Mole. Ok: Torino. Ero lì da un mese per preparare la cerimonia di apertura delle Paralimpiadi invernali del 2006.

Mi lasciai cadere all'indietro sul letto, abbandonandomi completamente. Feci un respiro talmente profondo e lungo che mi mancò il fiato.

La cerimonia si avvicinava e mi sentivo nervosa. Mi preparai velocemente: vestito, trucco, scarpe. Solo un istante sospeso davanti allo specchio, come se il volto riflesso non fosse il mio.

In un attimo ero alla conferenza stampa d'apertura. Ritrovai tanti volti che avevo imparato a conoscere in quei giorni: la spumeggiante Claudia Cattai, assistente di Erich Birch, il direttore artistico della cerimonia, mi accolse con tanto calore da sciogliere un po' la tensione. Mi fecero accomodare al tavolo dei relatori insieme agli organizzatori dell'evento, Marco Balich e Alfredo Acattino, e agli altri collaboratori. Presentarono le medaglie, belle e lucenti come le avevo sempre pensate. Per un istante immaginai la sensazione di portarne una al collo: il peso, il nastro liscio e fresco, la gioia, la responsabilità.

Non ricordo assolutamente nulla del mio discorso, a parte che lo pronunciai in italiano e poi lo tradussi in inglese. Ho, però, fissato un'immagine: due figure in platea, due uomini seduti vicini, stretti nei loro cappotti, che all'unisono portarono le mani al viso e, con un gesto fugace, come se avessero paura che qualcuno se ne accorgesse, si asciugarono gli occhi bagnati dalla commozione.

Tengo questa immagine appesa alle pareti della mia memoria come uno degli istanti più speciali della mia vita. I due uomini erano colui che mi ha dato la vita, il mio papà, e colui che ha raccontato la mia vita nel modo più semplice e vero: lo storico direttore della "Gazzetta dello Sport", il giornalista, lo scrittore, ma per me "solo" l'amico, Candido Cannavò.

Ci siamo conosciuti per il suo libro *E li chiamano disabili*. È entrato nel mio mondo in punta di piedi per rimanerci in tutti questi anni come amico e ammiratore discreto e forte della mia arte e della mia vita.

Non so contare le volte in cui, allungando lo sguardo, l'ho scovato in platea ad applaudirmi orgoglioso accanto ai miei genitori, come chi ha tutto il diritto di godere di qualcosa di cui è stato testimone. Le Paralimpiadi, il Pescara Dance Festival, il premio Angelo D'Arrigo... Il suo sguardo commosso mi ha accompagnato nei momenti più importanti della mia vita artistica. E quello sguardo l'ho sentito presente anche quando ho avuto l'onore di danzare con sua moglie Franca Roberto nello spettacolo *Mamma dice...*: lui era lì a godersi un momento forse mai immaginato.

Penso a ciò che Candido mi ha insegnato come giornalista e scrittore, attraverso tutti i suoi libri: dal mondo dello sport al carcere, alla vita di coloro che la società considera "diversi", fino a chi decide di dedicarsi a Dio; ha saputo raccontare le persone dietro i ruoli, scoprire uomini e donne, dare spazio e voce alle loro scelte, a quelle emozioni che danno senso alla vita. Ha saputo incontrarli davvero, immergendosi completamente nelle loro vite, e ha saputo scriverne con rispetto e maestria.

Di tutte le cose che ha detto di me amo la frase: "Lei è andata incontro alla vita con amore e coraggio, e la vita ha fatto di lei una ragazza piena di talento, di valori, di volontà, di futuro: felice, giuro, come poche ne ho conosciute".

Queste parole centrano il senso della mia vita. Non smetterò mai di ringraziare quest'uomo semplice e grande per avermi letta e raccontata come forse nemmeno io so fare. Si è affacciato al mio mondo con la discrezione di chi vuole respirare un profumo che non conosce per inebriarsi e goderne profondamente. E spero sappia che, ogni volta che mi muovo su un palcoscenico, quella danza è un po' anche per lui, che ora mi guarda da lassù.

La danza dei 25.002

Un forte brusio si alzava dai camerini del grande stadio di Torino. Paralimpiadi, cerimonia di apertura: il sogno che non avrei mai potuto sognare. I colori e i suoni si susseguivano come in un film in *fast mode*. La preparazione dell'abito, il trucco sono flash talmente brevi che le immagini si accavallano. Ricordo la foto con tutti i ragazzi del balletto. L'entusiasmo e le risate. L'allegria e la voglia di rendere quel momento unico e di immortalarlo in un'immagine che possa non svanire mai.

Poi il sonoro scomparve. Le immagini rallentarono. «Non potete prendere la strada breve per arrivare sul palco» disse un organizzatore. Il presidente della Repubblica, Carlo Azeglio Ciampi, stava prendendo posto e tutte le uscite erano state bloccate. Ci indicarono un altro percorso, più lungo, ma dovevamo muoverci subito per arrivare in tempo.

Pensai solamente a coprirmi bene. Indossai un paio di scarpe e un lungo piumino nero per proteggermi dal vento. Sotto, solo un leggero abito bianco.

Era il 10 marzo ed eravamo a Torino, non potevamo aspettarci niente di diverso. Mi incamminai con Andrea e Luca Alberti, il ballerino con cui avrei condiviso quegli attimi. Il tragitto fu una grande festa: una lunga marcia di personaggi festanti dentro i loro costumi ingombranti. C'erano gli uomini muro, i ragazzi e le ragazze con i tamburi e i loro voluminosi vestiti di scena, i ballerini in piedi e quelli in sedia a rotelle. E poi foto, una tempesta di foto, con macchine digitali e telefonini.

Quel "viaggio" sembrò eterno, ma quando arrivai dietro il palco la paura mi piombò addosso. Il freddo pungeva, il sole stava tramontando. Mi ricordai in quel momento le parole che Roberto Lun, il coreografo, aveva detto a me e a Luca: "Vi starò vicino parlandovi nelle cuffie". Mi tranquillizzai, ma solo un po'

Poi alzai lo sguardo. Non potrò mai dimenticare quello che vidi. Era una distesa di persone bianche. Non avevo mai visto tanta gente in vita mia. Quando mi resi conto che tutti quegli occhi e molti altri in mondovisione avrebbero visto me e Luca danzare, era già troppo tardi. Ci trovavamo dietro quel grande muro.

Avevo il fiato corto, il cuore a mille. Andrea mi tolse il piumino dalle spalle. «Le scarpe!» mi ricordò improvvisamente. Le feci scivolare via. Mi congelai in un secondo, ma cercai di far finta di niente per paura che il freddo mi bloccasse i movimenti. Salutai Andrea con un bacio leggero e lo guardai allontanarsi come se non avessi più potuto rivederlo.

Spostai l'attenzione sulle lunghe gambe di Luca: era nervoso, lo percepivo chiaramente. I nostri sguardi parlavano la lingua che avevamo messo a punto nelle settimane precedenti, taciti accordi e intese che nemmeno un esperto avrebbe potuto decodificare.

La piccola Silvia Battaglio, la bimba torinese non vedente, con il suo "sguardo" magico e la sua innocente freschezza aveva appena portato la freccia all'arciera

Paola Fantato. «Via da dietro il palco!» sentimmo gridare. Mentre la grande campionessa si apprestava a scoccare il dardo che avrebbe fatto crollare il muro dando inizio allo spettacolo, Luca e io ci spostammo di corsa. Si sentirono un sibilo, poi l'esplosione di mille fiammelle, colpi, musica e un grande boato dagli spalti: la gente era entusiasta e accompagnava la cerimonia con il battito delle mani.

L'istinto era quello di scappare. Io, così piccola, davanti a quel tumulto. Ma era troppo tardi. La musica era iniziata. Le note del grande Enrico Cremonesi mi accompagnarono oltre il muro. E quando incontrai lo sguardo di Luca fu magia.

La grande emozione era lì, davanti a me. Dovevo solo prenderla. Quella moltitudine di persone (mi dissero poi essere venticinquemila) improvvisamente muta. Forse no, ma io non sentivo più nessun applauso, nessuno schiocco, nessun rumore. Piuttosto qualcosa di caldo, di forte, che mi sollevava in alto e mi faceva volare e correre. I miei venticinquemila amici mi sostenevano con il loro silenzio, capivano la lingua mia e di Luca. Pochi minuti e la nostra danza si sciolse in un applauso e un fragore che non avevo mai udito. Non c'erano più freddo né paura: la danza era finita, la mia, quella di Luca e delle altre venticinquemila persone che erano con noi sul palco della vita.

Danzammo con la stessa intensità il valzer finale. In rosso, cinta da una stola di pelliccia e abbandonata tra le braccia di Luca, danzai senza pensare ai confini. Le carrozzine si muovevano leggere e veloci intorno a noi, in un'armonia totale. Non si distinguevano le gambe dalle ruote, e non si distinguevano perché non c'era alcuna differenza: eravamo accomunati da un unico sogno, dalla stessa passione per la vita. E quella sera la vita ha vinto su tutte le barriere che la mente umana è riuscita a creare.

La cerimonia si concluse con un'esplosione di luci, fuochi d'artificio e coriandoli tricolore. Luca mi sistemò la stola e rimanemmo incantati davanti a quello spettacolo. Il pubblico era in delirio.

Un ultimo boato e cominciò la festa: noi ballavamo sul palco, la gente scese dagli spalti e corse vicino a noi, per fare festa e applaudirci.

Per un secondo rimasi interdetta, come se non potesse essere vero. Chiusi gli occhi: un attimo solo per fissare quel momento, per staccarne un frammento e tenerlo con me prima che volasse via.

Finì tutto in un lampo. Rimane quel vestito rosso.

"Tutto nasce da un sogno" è il mio motto. Ma questo sogno no, non avrei mai osato farlo. Dopo più di cinque anni, dopo aver rivisto decine di volte i video e le fotografie, non sono sicura che sia successo a me. Forse non ero io. Forse era un film. O forse solo un sogno a occhi aperti.

Io posso lavarmi i capelli

Non c'è nulla che non possa essere fatto, basta trovare il modo giusto per farlo. Io tengo il microfono con i piedi, altri con le mani, altri ancora lo tengono sull'asta. Sta a noi trovare il modo giusto per noi.

Di solito suddivido le cose che riescono – subito, la seconda volta, la ventesima – da quelle che, anche provando e riprovando, non riescono. Parlo di banalità: io non riesco a farmi la treccia, per esempio. Ci ho provato tanto e non ce l'ho fatta, ma non sarebbe giusto viverla come una sconfitta: semplicemente, non è per me. Voglio la treccia? D'accordo, posso trovare un'altra strada. Chiedere a qualcuno di farmela, per esempio.

Ho i capelli molto lunghi e non avevo mai provato a lavarli, asciugarli e pettinarli completamente da sola. Bene o male c'era sempre qualcuno che mi aiutava.

Se n'era sempre occupata mia madre. Quando ho conosciuto Andrea, che di capelli lunghi non sapeva niente, gli ho insegnato e lui l'ha fatto: mi ha lavato i capelli, li ha asciugati, li ha pettinati. È stato un momento splendido: scoprire che era disponibile a prendersi cura di me davvero, scoprire di poter condividere con lui il mio essere donna e il voler essere bella. È diventato un rito, un rito intimo, che rafforza la nostra coppia.

Un giorno in cui non c'era nessuno in casa ho deciso di provare da sola. Con calma, senza ansia. Era estate e faceva caldo. Ci ho provato lentamente e ci sono riuscita. Non lo faccio spesso per problemi di schiena, però è stata una vittoria. Nonostante questo, prima non mi sentivo sconfitta, o limitata.

È stato bello che me li lavasse la mia mamma, è stato bello che lo facesse Andrea, è stato bello scoprire di poterlo fare da sola.

Questa cosa sono riuscita a farla, altre no. Ma quello che conta è averci provato.

Se fossi stata convinta a priori che lavarmi i capelli da sola non faceva per me non mi sarei mai guadagnata la soddisfazione di farcela. I limiti confinano, etichettano. Costringono a diventare quello che non si è, e poi costa una faticaccia uscire da quella gabbia.

Perché sei felice?

"Perché" era l'oggetto della mail che avevo appena scaricato. Nello schermo bianco una sola frase: "Perché sei felice?" e la firma, un bel nome di donna che non conoscevo.

Una delle tante mail che ricevo giornalmente, ma molto diversa dalle altre. Niente complimenti, niente commenti sulla mia attività artistica: solo una domanda.

Perlustrai lo schermo alla ricerca di qualche altra parola, forse mi era sfuggita, ma niente: solo quella frase. "Perché sei felice?"

Non avevo abbastanza tempo per riflettere, né per rispondere: Francavilla al Mare, in provincia di Chieti, mi aspettava per una serata importante. Avrei danzato *Legami*, di Paolo Londi, insieme a Martina Scuderi, una giovane e bravissima danzatrice. «Ogni volta che salgo sul palcoscenico dev'essere come la prima volta» mi ripetei sottovoce per darmi forza, per ricordarmi sempre con che spirito avevo promesso a me stessa di affrontare l'avventura nel mondo della danza.

Martina e io avevamo già eseguito quel balletto più volte, su diversi palchi, ma quella sera c'era qualcosa di diverso, ne avevo persino un po' paura. Per questo decisi di iniziare al più presto il rituale di preparazione. *Legami* è un balletto che richiede grande attenzione ai dettagli tecnici: la camicia di forza che uso per danzare deve essere pronta in anticipo, cucita perché non si sposti mentre mi muovo; i colori nelle ciotole devono essere preparati con cura; il quadro che dipingo in scena deve trovarsi sul cavalletto; la sedia, i pennelli, il telo e la vaschetta con l'acqua devono essere al loro posto dietro le quinte.

Martina e io, sempre più agitate, ripassammo i passi. Potremmo danzarlo a occhi chiusi per quanto quel balletto è ormai parte di noi, ma riprendere alcuni passaggi ci aiutò ad arrivare a sera. C'era una leggera brezza che faceva venire la pelle d'oca, ma avrebbe fatto anche muovere i miei capelli. La serata si sarebbe svolta all'aperto, in piazza Serena, a Francavilla al Mare.

In prima fila una donna vestita di bianco. Tutto il mondo la conosce, e un applauso aveva accompagnato il suo ingresso nella piazza. Carla Fracci era l'ospite d'onore della serata: era arrivata da Roma per ricevere il premio Atzori. Ogni anno, dal 2002, ho l'onore di donare un quadro a un importante personaggio del mondo della danza. Mi ispiro agli artisti che ho sempre ammirato e cerco di fermare su tela un movimento, un'espressione, la loro passione. Il dipinto di Carla Fracci la ritraeva durante un passo di *Giselle*, che mi aveva emozionato tanti anni prima.

Alla fine di *Legami* respirai così forte che quasi mi girò la testa.

Quando chiamarono il mio nome salii sul palco. Carla Fracci era davanti a me. Sorrideva in modo dolce e rassicurante, e per due secondi riuscii a dimenticare che era una grandissima ballerina, e il mito della mia infanzia.

Mi guardava incuriosita, avvolta nel suo splendido abito bianco. Quando le mostrarono il mio quadro sussurrò: «È tratto da *Giselle*». Tese la mano come per accarezzare il suo volto ritratto a olio e senza pensarci mi abbracciò.

Per me si fermò il tempo. La sensazione che mi rimase dentro fu quella di aver conosciuto non solo una grande artista, ma soprattutto una donna molto sensibile. Quella sera, prima di andare via, mi salutò ancora, materna. Disse a mia madre: «Lei è una grande mamma».

"Perché sei felice?" Quelle tre parole mi tornarono in mente mentre appoggiavo la testa sul cuscino.

Ero stordita dalla magia della serata: avevo danzato davanti a Carla Fracci, che mi aveva abbracciato, si era riconosciuta nel mio dipinto. Era per questo che ero felice? No, la ragazza me lo aveva chiesto prima. Mi aveva visto felice chissà quando, come e perché.

Non ho saputo mai rispondere davvero. Piuttosto mi sono chiesta spesso perché lei mi abbia visto felice.

Io non ho risposte sulla felicità. So solo che sono poche le volte nella vita in cui mi sono sentita davvero felice, e quella sera lo sono stata.

Lotto ogni giorno per essere una persona serena, questo sì. Mi sembra un traguardo più raggiungibile, più semplice da mantenere. La felicità a volte è talmente tanta da fare paura. Sta a noi provare a cercarla, solo a noi.

"L'uomo più felice è colui che non vuole cambiare il proprio stato" disse Émilie du Châtelet. Le sue parole mi stanno a pennello, mi ci sono ritrovata naturalmente quando le ho incontrate, per caso, leggendo chissà cosa. Forse è per questo che sono felice?

Attesa d'amore

Gioia non è mai stata brava negli abbracci. Non ama i contatti troppo stretti. Tutte le volte che lascio la sua casa canadese ho gli occhi pieni di lacrime. La macchina si allontana e io tengo dentro di me quel suo "abbraccio", con la sensazione che mi manchi qualcosa. Andrea sa che in quei momenti qualsiasi parola è inutile, guida in silenzio e mi sbircia con la coda dell'occhio, come per assicurarsi che io stia bene.

Quando l'auto imbocca l'autostrada per Toronto di solito mi è chiaro: non mi manca niente. Ho tutto dentro di me. Ho mia sorella, i suoi bambini e i nostri ricordi.

L'ultima volta, con le lacrime che ancora mi rigavano il viso, ho accennato un sorriso.

"Non dire niente a nessuno e per nessuna ragione, capito?" Mi tornò in mente quella volta in cui eravamo uscite in bici insieme. Lei guidava, io stavo seduta dietro. Di nascosto. La nonna aveva paura che io potessi cadere, e quella volta successe davvero. Alla prima curva mi ero ritrovata per terra. Gioia, preoccupata, era scesa dalla bicicletta e mi era venuta in soccorso. Io mi ero rialzata alla velocità della luce, come in un cartone animato. A piangere non ci avevo pensato nemmeno per un momento: volevo talmente tanto andare in bici che non avrei desistito per una piccolezza del genere. E poi quel segreto condiviso con mia sorella era la cosa più entusiasmante che mi potesse capitare.

Siamo sempre state complici. Gioia si occupava di me con la cura più delicata di cui una bambina possa essere capace, come se fossi la cosa più preziosa nella sua vita. I nostri cinque anni di differenza ci permisero sia di essere amiche sia di mantenere i ruoli di sorella maggiore e minore.

Lei è quella grande, quella che è andata via di casa per prima, lei è mamma.

Matthew venne al mondo il 7 agosto 2001. La prima volta che lo vidi aveva solo un'ora. Provai una tenerezza infinita: piccolo, nell'incubatrice, agitava i piedini con movimenti circolari, come per gridare tutta la sua voglia di vivere.

"Forse i bambini che passano dal grembo materno all'incubatrice hanno un desiderio di assaporare la vita ancora più forte" pensai. "Forse assomiglierà a me."

Lo guardai, gustandomi la sensazione di essere zia. Il suo papà era accanto a lui, con l'espressione di chi non ha visto niente di più bello al mondo.

Pochi minuti e ci fecero uscire. Posai lo sguardo su un'incubatrice che conteneva un bimbo davvero minuscolo. Augurai a quella creatura la stessa forza di Matthew e sentii che il mio nipotino sarebbe uscito da quel contenitore trasparente il prima possibile.

Mia sorella si perdeva in quel letto d'ospedale. Era sfinita, gli occhi parlavano di tutta la sua stanchezza e dicevano una cosa nuova: "Sono una mamma". Lo dicevano con la luce, la commozione, un brillio tutto diverso. Aveva finalmente esaudito il suo sogno.

Quando poté prendere in braccio il suo bambino si trasformò in una donna dolce e premurosa: quella è per me l'immagine della maternità. Ho provato tante volte a trasporla sulla tela, ma nessun pennello è capace di trasformare quel miracolo in colori e forme.

Sophia nacque una notte di ottobre del 2005. Il primo grido liberatorio della sua mamma fu: «È femmina!». Un'altra volta mamma.

Gioia non lo avrebbe mai immaginato. Prima di Matthew erano andate male due gravidanze. Anche nostra madre, prima di avere Gioia, aveva perso due bambini, nati e poi andati via, per una strada che non conosciamo. Quel sogno infranto due volte si trasformò poi in una gioia talmente immensa che i miei genitori scelsero di chiamare la loro prima figlia che decideva di rimanere su questa terra proprio così: Gioia.

Assistere alla ripetizione di un'esperienza del genere, che si tramandava di madre in figlia, era stato straziante.

Ma la vita ha risvolti imprevedibili.

James andò ad aggiungersi ai suoi fratellini una mattina del gelido e nevoso inverno canadese del 2008.

Questo bambino è la prova che la vita è più forte di tutto. Lui e io abbiamo molte cose in comune. Nessuno avrebbe mai pensato che saremmo venuti al mondo. E invece noi siamo qui. Il nostro sguardo è forte e pungente. I suoi occhietti azzurri guardano in modo penetrante per dire: "Io ci sono". Osservo tutti i giorni la sua foto sul mio desktop e ringrazio il Signore per avercelo donato, insieme al suo fratellone e alla sua sorellina. Poi penso alla loro mamma, la sorella meravigliosa che la vita mi ha donato.

Lei mi ha desiderato così tanto che io ho deciso a tutti i costi di vivere. Non ci sono distanze che tengano: siamo insieme sempre e comunque.

La vita ci ha messe di fronte a un destino strano: così legate eppure così lontane fisicamente. Tra l'Italia e il Canada c'è un oceano.

La prima volta che Gioia partì da sola fu una tragedia per me. Passò i varchi di controllo e non si girò nemmeno a salutarci. Un cenno, un sorriso, uno sguardo: niente. La mamma, il papà e io rimanemmo immobili a guardare la sua sagoma che si allontanava, cercando quell'ultimo sguardo che non arrivò mai. Ci vollero mesi perché mi passasse il magone. Solo da poco ho avuto il coraggio di chiederle perché quel giorno non si girò.

«Perché se mi fossi girata sarei tornata indietro e non avrei più avuto il coraggio di partire.» Ma doveva andare dal suo amore. Earl l'aspettava in Canada per cominciare una vita insieme.

Oggi il dolore è svanito, penso ai miei nipoti e so che senza quell'addio forse non sarebbero qui. Penso che quello che c'è tra noi sia speciale. Non mi ha mai fermato niente, figuriamoci se mi ferma un mare.

Io posso volare

Ci sono tanti modi per raggiungere lo stesso obiettivo. Per arrivare in alto ci si può arrampicare sulla quercia, oppure sedersi sul ramo e aspettare che la quercia cresca.

Arrampicandosi si scoprono altri rami, si vedono altri panorami, può anche capitare di decidere che arrivare in alto non è poi così interessante e tornare giù, oppure scegliere di lanciarsi sull'albero accanto, rischiando.

Rimanendo seduti lì, invece, si aspetta tanto per salire e poi? È tutto lì? E se non piace?

La via passiva alla vita non è per forza negativa, io però la trovo meno stimolante. È come lasciarsi vivere e agire dagli altri.

L'atteggiamento mentale è fondamentale: è lo sforzo che si mette nel cercare di raggiungere l'obiettivo, è il viaggio il valore, non il traguardo.

Per me è stato così. Diventare una ballerina è stato fondamentale, bellissimo, però ciò che conta più di tutto per me, per la persona che sono, è lo sforzo compiuto per riuscirci. Forse perché avevo molti sogni e poche aspettative.

Per questo, se domani tutto finisse, non ne morirei. Continuerei a ballare per conto mio, perché amo la danza e mi fa stare bene, ma io non sono solo quello. Metterei un confine, se pensassi così. Se domani non dovessi ballare più, sarei serena perché rimarrei Simona comunque, farei altre cose. La danza mi ha regalato tanto: la possibilità di parlare di me, di esprimermi attraverso la mia arte, momenti di pura gioia e di crescita personale. Come potrei sentirmi una fallita dopo tutto questo?

Credo che il profondo sconforto che deriva dal sentirsi falliti si insinui quando non si apprezza il percorso, quindi tutti gli sforzi, la fatica, i sacrifici non valgono niente se non si ottiene quel risultato.

Magari, semplicemente, eravamo fatti per altro.

Io credo nel destino. Del percorso per andargli incontro, però, dobbiamo occuparci noi. Siamo noi a disegnare la strada. Tracciare una curva non significa che abbiamo sbagliato qualcosa. Forse dovevamo fare un giro più lungo, per scoprire altre cose. O magari era giusto così fin dall'inizio, e tutto il tragitto percorso doveva portarci lì.

Fly for Life

Martina mi salutò dal molo, agitando animatamente le braccia e gridando a squarciagola: «Brava, Simona!». Qualunque fosse stato il risultato di quella mattina in acqua, mi avrebbe accolto come la vincitrice del campionato mondiale di sci nautico.

Non ero riuscita a raggiungere l'obiettivo fissato per quel giorno, ma l'accoglienza di Martina mi tirò su il morale e mi ricordò che ogni piccolo passo è un risultato vero.

L'aspetto più significativo era che tutto ciò me lo ricordava una bimba di nove anni dagli occhi verdi screziati di azzurro, come il colore del mare della sua terra, l'arcipelago della Maddalena, in Sardegna. Chi avrebbe mai potuto immaginare che proprio nella bellezza di quegli occhi era racchiusa una parte del segreto del suo animo così speciale, capace di gioire di ogni cosa, di esplodere di felicità a ogni evento?

«Martina è nata con la sindrome dell'x fragile» mi spiegò sua madre. «Anche il colore così particolare dei suoi occhi è una caratteristica della sindrome.» Verrebbe da chiedersi come sia possibile che una tale meraviglia sia il segno di una malattia che colpisce le capacità mentali e, inevitabilmente, anche quelle fisiche e relazionali, ma lasciamo queste domande a chi non riesce a vedere oltre la superficie.

Io vedevo soprattutto che Martina, tutte le mattine, al ritorno dalla mia uscita in barca per imparare a sciare sull'acqua, mi accoglieva come una campionessa, senza che il pensiero di ciò che avevo realmente fatto le sfiorasse la mente.

E questo era lo spirito con cui avevo accettato la sfida di Jeff Onorato, campione mondiale di sci nautico. Non mi importava il risultato: mi interessava aver raccolto la sfida, essere riuscita a mettermi in gioco in uno sport lontano da me, dalla mia quotidianità, dalla danza. Non avevo pensato nemmeno per un momento che avrei dovuto intrappolare i miei piedi dentro gli enormi sci, particolarmente faticosi da indossare, quando mi ritrovai in Sardegna.

Jeff aveva già tutto in mente. Come un architetto che progetta la sua casa in ogni minimo dettaglio, aveva preparato l'attrezzatura migliore per me: la muta, il giubbotto salvagente, gli sci e una fascia intorno alla vita con un gancio al quale applicare il bilancino che mi avrebbe permesso di tenermi in equilibrio e, quindi, di sciare.

Non aveva lasciato nulla al caso: aveva curato e provato tutto sulla sua pelle, dalla vestizione alla discesa in acqua, dalla barca a ogni eventuale caduta. Aveva persino intrappolato il braccio destro, per non avere l'istinto di aiutarsi in nessun modo. Il braccio sinistro era stato bloccato dal destino: a vent'anni, dopo un incidente in moto, Jeff ne aveva perso l'uso, come, parzialmente, quello della gamba sinistra. "Grazie al tuo sacrificio ho conquistato la vera libertà. Jeff" è la frase che si è fatto tatuare su quel braccio.

Con uno così come avrei potuto anche solo dubitare di riuscire? Un uomo che ha conosciuto la vera libertà dopo un incidente che gli ha cambiato la vita e il corpo non poteva darmi che certezze.

Quando mi chiamò per coinvolgermi nel suo Fly for Life project e farmi provare lo sci d'acqua, lo fece come se quella proposta fosse una tappa obbligatoria della mia vita. Non ci pensai nemmeno un attimo. Non mi chiesi nemmeno se ci sarei riuscita o se avrei avuto paura. Il mio istinto mi diceva di fidarmi.

Non posso paragonare a nulla la prima volta che sono rimasta in equilibrio sull'acqua. Non stavo danzando né dipingendo, non avevo mai provato niente di simile. Quell'equilibrio non era il mio, mi chiedevo ogni momento quando sarei caduta, ma andavo avanti, trainata dalla barca che Jeff guidava con orgoglio, gridando e suonando il clacson come se avessimo appena vinto i Mondiali.

Improvvisamente gridò: «La prima donna senza le braccia a sciare al mondo!!!» e per un momento rischiai di perdere l'equilibrio, ma con una maestria inaspettata riuscii a rimanere ancora in piedi, e chissà quanto ancora ci sarei rimasta se Jeff non avesse iniziato a frenare. Una parte di me lo ringrazia. Non avrei voluto cadere dopo quella performance e credo che lui si sia fermato per questo motivo.

La sera il sole calò sulla scuola di sci nautico della Maddalena. Gli ombrelloni furono chiusi e tutto tornò al suo posto. Jeff fece la solita passeggiata per controllare che tutto fosse in ordine, come un padre che dà la buona notte alla sua creatura. Il mio saluto fu un grazie muto, per avermi ricordato che il limite esiste e che sono capace di superarlo.

Le mie mani

Me ne stavo felicemente immobile, sprofondata nel divano di casa, quando un raggio di sole mi chiamò dalla finestra. Ero stanca, avevo una voglia quasi compulsiva di tranquillità, il bisogno di rimanere immersa nel silenzio, senza ascoltare il telefono, senza controllare le mail. Amo la frenesia della mia vita, ma a volte lo sforzo richiesto per riuscire a conciliare quello che mi piacerebbe fare mi esaurisce e sento il bisogno di godermi un pomeriggio di pace tutto mio.

Al richiamo della luce, però, non riuscii a resistere. Scesi in cortile. Il sole era così forte che subito mi abbagliò, poi mi avvolse teneramente con il suo tepore, come un abbraccio, e non potei fare a meno di sorridere. Mi sentii serena, come se avessi fatto la pace con il mondo in un attimo. Tutte le preoccupazioni sparirono: niente mostre da organizzare, nessuno spettacolo cui pensare, nessun volo da prendere e nessun tentativo di armonizzare impegni, famiglia e amore.

Respirai quell'istante come si respirano i primi odori primaverili. Una leggera brezza mi mosse i capelli davanti al viso, mi sedetti sui gradini di casa e, con il piede, li scostai dolcemente.

In un secondo tornai bambina: seduta nello stesso, identico punto, compivo lo stesso, identico gesto. Mi guardai i piedi scalzi: erano tutti neri, e mi sentii proprio come a otto anni. Scossi la testa: in fondo ero sempre la stessa Simona che scendeva di corsa in giardino senza ricordarsi di mettere le scarpe, e che poi, sapendo di averlo fatto di proposito, si compiaceva di essere riuscita, ancora una volta, a imbrogliare la nonna, che appena se ne accorgeva urlava dalla finestra: «Simona, le scarpe!».

Rimasi incantata a guardare per terra, una coccinella si arrampicava sul mio piede destro. Non riuscivo a distogliere lo sguardo, potevo contarne persino i pois, ma non era stata la coccinella ad attirare la mia attenzione. Erano stati i miei piedi, piccoli, con le dita lunghe e sinuose. Erano davvero belli, i miei piedi, non avevo nessun dubbio. Mi erano sempre piaciuti.

A volte, non so perché, penso alle mie mani. Strano, vero?, pensare a qualcosa che non c'è, ma che dovrebbe esserci. Le immagino lunghe, con le dita sottili e delicate. Le immagino come quelle di mia sorella. Le vorrei proprio così, se fossi nata per averle. Ma so che quelle mani non sono state create per me, ne sono convinta: non esistono e non sono mai esistite, nemmeno in un presunto "progetto divino". Forse esistono solo nella mia fantasia. Lì posso giocarci: non hanno una forma precisa, non hanno nessuna funzione, non conoscono il tatto né le carezze, non possono sentire il calore delle persone che si amano, non fanno parte del mio mondo.

La prima volta che ho disegnato non erano loro a guidare la matita, a creare linee e a dare vita alle forme. Non possono sentire ciò che solo i *miei* piedi sanno. Solo loro mi appartengono veramente. Sono parte di me, sono la parte più importante di me. Sono il disegno più bello che il Signore potesse donarmi. Sono ciò che mi permette di provare la gioia e il calore delle carezze. Sono ciò che mi permette di trasmettere i miei sentimenti e di dare corpo alla mia arte. Sono loro a darmi l'emozione di muovermi al suono di una melodia, loro a consentirmi di gustarmi il mio corpo che si muove nel tempo e nello spazio. Fanno tutto questo e molto altro.

Cosa fanno le mie mani? Cosa potrebbero fare di più? A cosa mi servirebbero le mie mani?

La mia risposta potrebbe suonare strana a chi le mani le ha, a chi non conosce il mondo che creo attraverso i miei piedi, a chi non sa che esiste un altro modo.

Le mie mani non mi servono. Le visualizzo, le dipingo, ma rimangono lì, come un'immagine senza funzione, per quanto belle possano essere, per quanto utili possano sembrare.

I miei piedi sì che sono preziosi. Fanno magie. Fanno le mani. Chi penserebbe mai di aver bisogno di quattro mani?

Io posso essere felice

Una volta mi sono esibita nelle Marche, per alcuni amici frati. La danza per loro è una forma di preghiera, di condivisione di gioia con il Signore e con i giovani. Si alzano verso il cielo muovendo le braccia ed eseguendo movimenti che creano forme e geometrie.

Alla fine del mio spettacolo era previsto questo momento corale. Prima di iniziare, padre Alessandro mi ha detto: «Simona, tu organizzati e fai come vuoi».

Siamo arrivate in camera tardissimo, io, Giusy Sprovieri e Mariacristina Paolini, che avevano ballato con me, e la mia mamma. Che, stanchissima, ancora vestita, con la giacca e la borsa a tracolla, mi ha chiesto: «Cos'è che ti ha detto padre Alessandro? "Organizzati"?».

«Eh, sì...»

«Ma perché?! Oddio! Tu non hai le braccia!»

Io l'ho guardata e lei: «Sono trentasei anni che non hai le braccia!».

Si è buttata sul letto a ridere, e io, Giusy e Mariacristina dietro, tutte a rotolarci sul letto per le risate.

Questo è il nostro atteggiamento mentale, il grande regalo dei miei genitori.

Ed è il motivo per cui proprio non capisco perché il ge-

nere umano debba arrivare al limite per riuscire a costruire un decente elenco di priorità. È ingiusto per la vita essere costretti a passare attraverso un percorso di sofferenza o di malattia per diventare più sensibili nei confronti degli altri, per fermarsi e imparare a considerare chi ci sta intorno.

Questo è per me uno degli enigmi più grandi: quando capita qualcosa di brutto aggiustare la prospettiva è naturale; se prima tutto aveva un ordine, dopo quell'ordine sembra parecchio caotico, ma perché dobbiamo arrivare fin lì per capire alcune cose fondamentali?

Tanti mi dicono che non tornerebbero indietro. Jeff Onorato, per esempio. "Grazie al tuo sacrificio ho conquistato la vera libertà" recita il suo tatuaggio: il sacrificato è il braccio sinistro. Perché un bellissimo ragazzo, che aveva la vita in mano, trova se stesso solo se perde un braccio?

Chi ci ha dato l'idea che per essere felici dobbiamo per forza avere tutto?

Gli amici

Il vestito verde dondolava senza vita dall'appendiabito.

Ne fissavo rapita le pieghe, il ricamo, le spalline come stelle filanti, gli orli a contrasto, la stoffa sottile, quasi trasparente.

Così leggera, la mia armatura.

Uscii dal camerino.

Dietro di me Taormina, davanti il Teatro Antico, la baia di Naxos e tutto il Mediterraneo fino alle colonne d'Ercole e indietro nella storia, a migliaia di anni prima. Mi mancò il fiato e tornai in camerino, nel tentativo di sentirmi protetta.

Il vestito da sera verde continuava a "guardarmi".

La porta si aprì e sussultai come se mi avessero svegliata da un sogno. Entrò Mariacristina, con un sorriso che non le avevo mai visto prima. Ci guardammo sorridendo per un attimo, poi iniziammo in silenzio i preparativi per lo spettacolo, eseguendo gesti che erano ormai una consuetudine.

Avremmo ballato *Legami*, la coreografia che rappresentava meglio me e il lavoro di Paolo Londi. Come tre anni prima davanti alla grande Carla Fracci, la riproponevamo per un galà di quelli speciali: la prima data del tour 2009 del Roberto Bolle and Friends. Questa volta danzavo in coppia con Mariacristina Paolini, giovane e bravissima ballerina, mia partner ormai da anni.

Mentre ci stavamo riscaldando fingendo una tranquillità che non potevamo avere, dalla porta spuntò una testa: «Tu sei l'amica di Marco e Salvo?».

Risposi d'impeto: «Sì, sì, sono io», come se la situazione esigesse una risposta affermativa. Poi finalmente riuscii a guardare con attenzione la persona che mi aveva fatto questa domanda. Era una ragazza esile, bella ed elegante come solo una danzatrice sa essere. Dopo questa entrata trionfale, si premurò di presentarsi: «Sono Sabrina Brazzo, Marco e Salvo mi hanno parlato tanto di te».

Non mi ci volle molto a capire che questa Sabrina, spumeggiante e sorridente, era non solo la prima ballerina del Teatro alla Scala, ma anche una donna straordinaria. Marco Messina e Salvatore "Salvo" Perdichizzi, due favolosi ballerini della Scala e due grandi amici, avevano fatto da apripista al nostro incontro, il cuore fece il resto.

L'apparizione di Sabrina aiutò me e Mariacristina a rilassarci.

Danzammo *Legami* con forza e passione. Mariacristina fu sublime, ballò con un impeto che non avevo mai visto e sentii che quel momento ci avrebbe legate per sempre. Quella sera capii che la ragazzina che avevo conosciuto quando aveva solo quindici anni era cresciuta: era una vera danzatrice. Sorrisi, fiera di lei e di aver partecipato al suo percorso.

L'applauso del pubblico di Roberto Bolle ci "incoronò" ballerine. Un inchino profondo e scappammo in camerino per condividere un lungo abbraccio.

Tolto il "peso" della performance, ci godemmo i grandi che si esibirono con Roberto Bolle finché non tornai sul palco per consegnargli il premio Atzori.

Senza la danza, mi sentivo minuscola.

Roberto aveva scelto le mani di Franca Roberto, la moglie di Candido Cannavò, perché potessi consegnargli il mio premio. La sua scelta mi commosse profondamente e mi fece capire che persona meravigliosa, sensibile e attenta sia. Franca era stata una grande ballerina e insegnante di danze spagnole alla Scala di Milano. Roberto l'aveva sempre amata e ammirata come insegnante. Il cerchio si chiudeva.

La seguii con lo sguardo mentre ci raggiungeva sul palco, come per proteggerla, ma quando la vidi accanto a me mi apparve enorme, una mamma che accompagna i figli nei momenti più importanti della loro vita.

Accanto a lei sentivo la presenza di Candido, il suo calore, la sua energia. Solo più tardi Franca mi raccontò che per tutta la sera aveva tenuto tra le mani una sua fotografia, come per dirgli: "Candido, guarda Simona che balla".

Franca prese il quadro, mi sorrise e lo porse a Roberto. L'emozione era palpabile. Non ricordo nemmeno cosa dissi, ma non è importante.

Mi voltai un attimo, come se qualcuno mi avesse chiamato. Misi a fuoco e vidi Sabrina: piangeva. Non conoscevo ancora la sua anima, pensai che fosse una persona speciale. E avevo ragione.

Il ringraziamento di Roberto mi riportò alla realtà. Franca mi abbracciò. Avrei voluto piangere per la felicità, ma non potevo fare a meno di sorridere, così decisi di fare entrambe le cose. E mi resi conto di essere felice.

Il mio migliore amico

Il sorriso può parlare. Può segnare l'inizio di una vita. Può farti conoscere un amico. E può accompagnarti nell'ultimo istante.

Il nonno si girò, mi accarezzò il piede, sorrise e se ne andò.

Decise di sorridere morendo e io, da quel giorno, ho deciso di vivere sorridendo.

Adesso ha senso. In quel momento, furono lacrime e solitudine. Aiutarono una bambina a crescere, nel ricordo della serenità con la quale si può lasciare la vita, ma solo oggi l'ho capito davvero.

Tante volte ho sentito dire che la morte non può dividere realmente. Quel giorno la incontrai per la prima volta e smise di farmi così paura. Non ho mai capito perché; forse accadrà domani, un altro giorno. Ora non me lo chiedo.

So che mi portò via il mio migliore amico, la persona con cui giocavo, ridevo, piangevo, la persona che mi accompagnava nella scoperta del mondo. Il nonno mi ha insegnato a dare amore con semplicità.

Era magico: riusciva a comunicare senza troppe parole. Era un uomo distinto e rassicurante, con quel suo fisico asciutto e quel suo fare d'altri tempi. Era conosciuto per i suoi silenzi e i modi cordiali e raffinati. In molti lo identificavano con il signore dall'aria perbene che girava in bicicletta per le vie del piccolo paese della Lombardia dove abitavamo. Quella regione lo aveva accolto appena cinquantenne, quando era arrivato con sua moglie e suo figlio dalla Sardegna. Lui le fu sempre riconoscente per avergli dato la possibilità di garantire un futuro sicuro alla sua famiglia. Un giorno – mia sorella e io eravamo piuttosto grandi e avevamo trascorso tante estati con i nonni in Sardegna – lui decise che la Lombardia era la sua terra e che in Sardegna non sarebbe tornato più.

Non ho mai saputo il motivo di questa decisione, ma da allora abbiamo passato il mese di luglio sul lago Maggiore, a Maccagno. Il nonno amava la Sardegna, era la rappresentazione vivente di molte delle sue caratteristiche. Ma forse non aveva più le energie necessarie per affrontare un viaggio di ritorno così lungo con la nonna e due bambine.

Un anno dipinsi un acquerello: il nonno, io e il "suo" lago. Il nonno, io e il nostro rapporto.

Il lago l'avevo affidato alla carta, a pennellate morbide: volevo che la trasparenza rendesse l'idea dell'acqua. Le nostre sagome sono pennellate sottili in controluce: lui e io che passeggiamo sulla riva.

Le nostre espressioni non si vedono, ma avevo immaginato i miei occhi che guardavano il nonno con stupore: lui era il mio eroe.

Mi aveva accolto come un dono e si prendeva cura di me in modo speciale. Avvertivo che niente avrebbe potuto farmi del male quando eravamo insieme: lui riusciva a proteggermi facendomi sentire libera. Mi insegnava a diventare amica di gatti, conigli e galline, e a comunicare con loro, ad avvertire la vita che pulsa nella terra e nel cielo, a dare vita alle cose che si amano. Era un artista: aveva lasciato in Sardegna una "bottega del legno" ed era capace di trasformare un semplice ciocco in un oggetto. In Sardegna costruiva carri, in Lombardia oggetti da gioco per le sue nipoti e utensili da cucina per la nonna. Insistevo spesso perché mi costruisse un Pinocchio, ero sicura che sarebbe diventato un bambino vero. Mi raccontava dei carri e della passione che ci aveva messo e io immaginavo che potessero volare.

Forse il mio amore per l'arte nasce anche dai suoi insegnamenti e dal suo dono di rendere magiche le cose più semplici.

Eravamo al lago. Indossavo un costume a righe rosa, blu e verdi e una gonnellina con gli stessi colori. La nonna pensò che fosse una delle mie solite stranezze, così smise di brontolare dopo pochi minuti. La mamma sorrise e scosse la testa. Il nonno si era già alzato da parecchio ed era pronto per andare a fare la spesa: conosceva tutti i negozianti del paese. Aspettava solo che io gli dicessi cosa doveva comprare.

Quella mattina mi ero alzata con l'idea di costruire una nave in bottiglia. I miei tredici anni me li ricordo proprio così: alla ricerca di un'identità artistica e di una personalità. Le mie ricerche a volte risultavano un po' bizzarre, comunque i miei familiari mi assecondavano, forse perché le mie idee balzane erano innocue e, in qualche modo, simpatiche. Chissà quante risate si facevano vedendomi sempre presa a inventare e a creare chissà quali nuove forme d'arte...

Per colazione bevvi un succo di frutta la cui bottiglia poi mi sarebbe servita per il mio ambizioso progetto. Mentre lo sorseggiavo mi resi conto che non avevo idea di come avrei costruito la nave e chiesi la prima cosa che mi venne in mente: «Nonno, mi servirebbero degli stuzzicadenti». Lui mi guardò interrogativo, poi mi disse che li avrebbe comprati quella mattina stessa al supermercato. Mi chiese se volevo altro e io, ruffiana come pochi, sfoderai il mio sguardo più ammaliante e gli chiesi del gelato.

Questo è il mio ultimo momento di quotidianità con lui. Prezioso ricordo che vive di colori intensi e forti dentro di me.

Quel giorno, dopo pranzo, ci preparammo per tornare a casa. Le vacanze erano finite. Il nonno chiuse la porta, come faceva sempre, e salì in macchina per ultimo. Da quella macchina non scese più. Poco dopo si girò, mi accarezzò il piede, mi sorrise e mi salutò per sempre.

Grazie, nonno, per avermi aiutato ad amare la parte più spontanea e semplice della vita. Grazie per esserci semplicemente stato e per avermi saputo dimostrare, con quel tuo ultimo sorriso, che l'amore non ha confini e che va ben al di là di tutto ciò che è concreto.

Io posso sorridere in tanti modi

«Io sorrido in tanti modi:
sorrido vivendo;
sorrido amando;
sorrido dipingendo;
sorrido danzando...
nel mio mondo
sorridere significa
solamente
vivere.»

Il sorriso è un'arma formidabile. Mi difende dagli sguardi compassionevoli, mi apre le porte dei cuori, mi permette di incontrare gli altri.

È il migliore dei biglietti da visita: ingegneri, astronauti o chirurghi, se ci presentiamo cupi, incapaci di comunicare, il nostro titolo, per quanto altisonante, finisce per contare ben poco.

È potente e contagioso, il sorriso. Se guardo qualcuno e gli sorrido, lui non può voltarsi dall'altra parte, o guardarmi arrabbiato: positività chiama positività.

Io credo nella legge dell'attrazione: quello che dai ricevi. Se trasmetti amore, attenzione, serenità; se guardi alla vita con uno sguardo costruttivo; se scegli di essere attento agli altri e al loro benessere; se conservi le cose che ami e lasci scivolare via quelle negative, la vita ti sorriderà. Ogni giorno è un'opportunità per cambiare, ogni giorno è il momento giusto. Rimandare, inventare scuse, attaccarsi alle immagini che altri hanno di noi è una perdita di tempo.

Me lo conferma la mia esperienza. Tanti dei miei sogni si sono realizzati. È stato duro, è stato folle, è stato rischioso, ma ci sono riuscita perché avevo questo atteggiamento mentale.

Se avessi avuto paura sarei andata all'indietro, invece che avanti. Se mi fossi preoccupata mi sarei bloccata, non mi sarei buttata, avrei immaginato foschi scenari e mi sarei ritirata.

Invece, ho immaginato.

L'uomo che volava

«Spingendo quotidianamente
i nostri limiti,
riusciamo, a piccoli passi,
a superare le paure
che ci vietano il possesso
della nostra esistenza».

ANGELO D'ARRIGO

Il calabrone non potrebbe volare, secondo le leggi della fisica aerodinamica, ma lui non lo sa. Così vola. Vola comunque. Non vola *nonostante* il suo limite, perché non lo conosce, non ha inventato qualche sofisticato meccanismo per superarlo. Vola *con* il suo limite. Vola così com'è. A istinto.

Andrea dice che io faccio lo stesso. E anche Angelo D'Arrigo.

Era il 26 marzo 2007 quando, al Museo nazionale della scienza e della tecnologia Leonardo da Vinci di Milano, si tenne la serata "Angelo D'Arrigo, un eroe contemporaneo". Era il primo anniversario della sua scomparsa e il museo volle celebrarlo come figura esemplare, come sportivo, scienziato e naturalista, profondo cultore della tecnologia e della natura, straordinario comunicatore.

Sul palco, Laura. Io la incontravo per la prima volta. Un abbraccio veloce prima di cominciare e mi era già "entrata dentro". Una donna fiera. Una donna forte. Una donna innamorata e semplice.

La guardavo e non riuscivo a vederla sola. Provai la sensazione che lei e Angelo fossero lì insieme.

Qualche tempo prima era stato Candido Cannavò a dirmi che avrei avuto l'onore di ricevere il primo premio dedicato ad Angelo D'Arrigo.

Quando parlai al telefono con Laura, sua moglie, rimasi affascinata dalla sua voce. Mi invitò a quella serata per conoscermi e accettai di getto.

Andai a Milano senza aspettarmi niente. Avrei ricevuto il premio solo un mese dopo, il 27 aprile, al Teatro Metropolitan di Catania.

Assistemmo a una carrellata di ricordi, testimonianze di amici, video delle imprese di Angelo, che vanno al di là dell'immaginazione.

Però non riuscivo a concentrarmi: era tutto straordinario, ma io vedevo solo Laura. E accanto a lei Angelo: l'uomo, il marito e il padre.

È stato lì che l'ho conosciuto. Attraverso Laura. Attraverso la donna che ha scelto di amarlo, la donna che ha scelto di sposarlo, la donna che ha scelto di essere la madre dei suoi figli. Ho percepito la loro vita, al di là delle aquile, del deltaplano, di Leonardo, del volo, della natura. Ho visto un uomo e una donna che si sono amati e che continueranno ad amarsi oltre ogni limite terreno. Ho pensato ai loro figli, li ho immaginati in cucina, immersi nella quotidianità di una mattina qualunque.

Il grande uomo volante era lì per tutti, ma Angelo

uomo, padre e marito era e sarà sempre e solo loro. Laura, con il suo sguardo fiero, mi ha presentato un Angelo che è molto più di quello che i suoi straordinari traguardi potranno mai dire.

Le immagini scorrevano, ma era lo sguardo di Laura ciò che mi colpiva di più.

Ero commossa per il loro amore.

Mi girai un istante. Andrea era accanto a me, bello come solo lui sa essere, elegante nel suo abito scuro e nella sua camicia azzurro cielo.

Lui e io eravamo lì insieme. La sua mano posata leggera sulla mia gamba. Ognuno assorto, coinvolto a suo modo nel volo di Angelo e Laura.

Ho pensato al volo di Andrea e Simona. Andrea il pilota, l'uomo che ama volare, che ama tutto ciò che vola, che ama l'elicottero, l'aereo, che ama il cielo. Simona la pittrice, che ama i colori e le forme, e la ballerina, che ama danzare la vita e le emozioni che ha dentro.

I nostri sogni si sono avverati, non per magia ma per passione. Andrea vola e Simona dipinge e danza il volo della sua vita. Così come Angelo aveva avverato e vissuto in pieno i suoi sogni insieme a Laura.

Per un istante mi sfiorò il pensiero che quella sera Laura non avrebbe mai voluto viverla. La immaginai seduta in platea accanto ad Angelo, a guardare lo spettacolo come se fosse altro da loro.

Ho capito in quel momento quanto l'amore sia potente. Quanto siamo noi a limitarlo, a confinarlo nella caducità dei corpi.

Ho intravisto una dimensione che non conoscevo, come se stessi planando dall'alto e potessi comprendere in un solo sguardo il cielo e la terra, e capire che sono una cosa sola.

L'albero magico

«Scriverai anche di noi?»

Una specie di trailer mi attraversa la mente: immagini sfocate, colori, voci, carezze, abbracci. È difficile ricostruirlo, spezzettarlo. Poi tutto si ferma. E trovo un'immagine talmente nitida e reale che potrei toccarla.

È pomeriggio, sono seduta sul divano, è estate e ho un vestito leggero. Mi alzo e mi risiedo nervosamente. Non riesco a stare ferma, è impossibile, sono troppo agitata. Se avessi dovuto affrontare un esame sarei stata più tranquilla. Questo però non è un esame, è molto di più. È qualcosa che avrebbe cambiato la mia vita per sempre.

La macchina ha appena superato l'ingresso, sento le ruote percorrere il vialetto di ghiaia rossa e fermarsi davanti a casa. Non ci penso un momento, mi alzo, apro la porta ed esco. Per un secondo, giro quasi di scatto la testa, come per tornare indietro, ma è un movimento impercettibile.

Non dimenticherò mai l'istante in cui li ho visti: erano piccoli e adorabili, tutti e tre vicini come un piccolo nucleo inseparabile. Sembravano tre cuccioli che avevano appena imparato a stare in piedi sulle loro zampe, e per non cadere dovevano stare uno accanto all'altro.

«Salutate Simona» irrompe la voce potente di Andrea, il loro papà.

Uno dopo l'altro si avvicinano, e ricevo tre baci.

È possibile che io mi sia innamorata di loro in quell'istante?

Sembrerà strano, ma forse è così. Un istante solo a volte basta. A volte è infinito. Non conosci nulla, non sai che odore hanno e come ridono, ma basta uno sguardo e il loro amore ancora inesistente ti entra dentro. Da quel momento le nostre strade si sono unite e sono andate in parallelo. Dal niente al tutto.

Ricordo ancora quella giornata, semplice come solo le cose belle sanno essere. «Portiamo Simona al nostro albero magico?» propone Andrea. Segue un grido di consenso. Durante il tragitto verso l'albero magico, Manuele saltella vivace, Eleonora non si stacca un attimo dal suo papà, mentre Davide cerca la mia mano e, non trovandola, si tiene al vestito, come se fosse la cosa più normale del mondo.

Da quel momento stare insieme è diventato naturale. Il nostro albero magico ha raccolto per anni i nostri sorrisi, le nostre corse e i nostri giochi, a volte anche le nostre lacrime. Quando tutto era difficile, nei momenti in cui credevo di non farcela, uscivo sul terrazzo e guardavo quel grande albero. Per qualche minuto riuscivo a sentirmi più grande di lui. Respiravo l'aria leggera di campagna e immaginavo quei tre piccoli crescere piano, mentre quel grande albero sarebbe rimasto sempre troppo grande e maestoso perché potessimo sentirci più grandi di lui. Un giorno un fulmine lo colpì e cadde a terra spezzato. Andammo a salutarlo: anche noi avremmo lasciato quella casa per sempre, e lui se ne andò poco prima di noi. Fu una specie di segno del destino, come se senza di lui non avesse più senso vivere lì. Fu un addio doloroso, a quell'albero e a un periodo della nostra vita bello, incredibile, difficile, ma speciale.

Mentre penso a quegli anni sospiro. Non potevo sopportare che ci fossero persone che non comprendevano il nostro amore, il nostro volerci bene al di là di un legame di sangue. Quanta rabbia! I nostri sentimenti non avevano nome, nessuna etichetta portava la dicitura giusta. Provavo a immedesimarmi negli altri e a pensare che, forse, anch'io prima di conoscere quelle creature e il loro papà avrei avuto difficoltà a capire. Ma la vita mi aveva portata altrove e avevo buttato a mare da tempo le "collocazioni sociali": l'amore mi diceva altro. Un giorno ho deciso di non combattere più: ho preso tutto ciò che provavo e l'ho sparpagliato, l'ho lasciato libero di volare.

La libertà di provare amore mi ha fatto scoprire la cosa più importante e fondamentale nella mia vita. Ho semplicemente incontrato e accolto nella mia vita il valore dell'"amore gratuito". Non conoscevo questa forma di amore prima di allora, eppure credevo di saper amare davvero. Ora so che nella vita non si può dare niente per scontato, tanto meno l'amore. Tutte le mattine, da quando Eleonora, Manuele e Davide sono entrati nella mia vita, mi alzo dal letto e scelgo di amarli. Non chiedo niente in cambio. Non chiedo loro di amarmi. Loro non lo chiedono a me. Ci amiamo e basta. Siamo noi a sceglierlo, a desiderarlo. Nessuno ce lo impone, nessuna parentela, nessun legame di sangue, nessuna legge. È un nostro desiderio: innato forse, ma nostro. Ho smesso di dar peso ai pensieri negativi e a chi non comprende. Mi sento di dire con serenità che questo nostro "amore gratuito" è proprio una delle grandi scoperte che la vita mi ha donato.

Vivere la quotidianità di tre bambini è stato come crescere ancora.

Giorno dopo giorno sentivo la necessità di parlare di loro. Volevo raccontare le loro marachelle, e quelle espressioni buffe che facevano, e le loro conquiste, ma spesso mi tornava indietro una sorta di indifferenza mal dissimulata. Avrei voluto raccontare di quando Manuele sognava i cavalli volanti, o di quando Davide dormiva con la testa appoggiata sulla videocassetta di *Lilli e il vagabondo*, oppure di quando Eleonora e io facevamo il "tiramisuper" insieme. Ma mi rendevo subito conto che, per gli altri, non avevo la licenza per questo. Il rapporto che io vivevo così intensamente, per gli altri non esisteva. Loro tre però erano nella mia vita e io amavo crescere insieme a loro.

Mi ero innamorata di Andrea, il loro papà, e quando avevo capito che sarebbe stato difficile era già troppo tardi. L'amore mi ha semplicemente aiutato ad accogliere tutte le difficoltà. Quando guardo Andrea, vedo anche loro, lui è loro e loro sono lui. E loro quattro sono parte di me.

Non sono la loro mamma e l'ho sempre saputo. Davide, Manuele ed Eleonora hanno una mamma che li adora e ha un ruolo fondamentale nella loro vita, come ogni mamma. Questo nulla toglie al nostro amore.

È possibile che il nostro cuore ignori etichette e cassetti e sia fatto per tanti tipi diversi di amore? Io credo di sì. Noi ne siamo la testimonianza.

Loro tre sono ragazzi speciali, sono stati in grado di accogliere questo nostro sentimento dal primo momento in cui ci siamo visti e di alimentarlo insieme a me, con serenità e coraggio.

Mi sento molto fortunata ad averli nella mia vita. Non so se diventerò mai madre, se vivrò questa grande gioia.

So comunque che continuerò a dare a loro tutto il mio amore, come ho fatto in questi anni.

A volte faccio fatica a credere che siano già così grandi.

Penso agli anni insieme, alla grande casa in campagna. A quando, la sera, mentre dormivano, Andrea e io ci fermavamo davanti alla porta della loro camera e li guardavamo sorridendo.

Un giorno mi sono resa conto che li amavo non perché erano i figli dell'uomo che avevo scelto di avere accanto a me, ma semplicemente perché erano loro tre: Eleonora, Manuele e Davide.

È stata una scoperta meravigliosa. Ora non permetto più a nessuno di sminuire quello che in tanti anni abbiamo creato insieme e che ci rende speciali. Vorrei che loro non lo dimenticassero mai.

Io posso stringere la mano

Mi capitano scenette surreali, anche buffe.

Una volta dovevo esibirmi su un palco galleggiante, in mezzo a una distesa d'acqua. Per fare le prove, gli organizzatori avevano messo una barca a disposizione del nostro corpo di ballo. Il marinaio dava la mano a tutti per aiutarci a salire. La allunga anche verso di me e io rimango impalata sul molo, ad aspettare che capisca. Avevo una canottiera senza maniche: più sbracciata di così!

Niente. A un certo punto alza la voce e mi dice: «Allora, me la vuole dare questa mano?!».

«Ma non ce l'ho!»

Si è girato, ha capito ed è diventato di tutti i colori: l'ho immaginato sulla barchetta che colava a picco. Tutte le volte che ci portava avanti e indietro si scusava e mi chiedeva se poteva fare qualcosa per me. La mamma rideva come una matta.

Un'altra volta, in treno, sto bevendo e passa il controllore: «Signorina, i piedi giù dal tavolo». Lo guardo interrogativa e gli dico: «No, guardi, queste sono le mie mani».

Lui si ferma, osserva, poi trascolora: «Mi scusi!». L'ha quasi urlato. È ripassato da lì almeno una decina di volte, ciascuna si è fermato e, di nuovo: «Signorina, mi scusi! La prego, mi scusi!». Mancava poco che si prostrasse a terra.

Siamo così abituati alla routine che non facciamo caso alla differenza, quando non viene esibita. È ovvio che l'immagine di un piede che regge un bicchiere non equivale a quella degli scarponi pieni di fango sbracati sul sedile di fronte, ma, se ci fermiamo alla superficie, per un controllore sono entrambi sollevati, "fuori posto".

Oppure: la stretta di mano. È un automatismo talmente radicato che la gente non pensa esistano altri modi per salutare.

Un anno ho ricevuto l'invito di un'insegnante per tenere un incontro nella sua scuola. Ci siamo parlate al telefono varie volte, ci siamo scritte alcune mail. Il giorno fatidico la intercetto mentre mi viene incontro, le sorrido e mi avvicino per darle un bacio su ciascuna guancia. Mi accompagna in classe, chiacchiero con i ragazzi e lei, a un certo punto, interviene raccontando che aveva passato la sera prima a pensare: "Come la saluto? Devo ricordarmi di non darle la mano...". Per lei era stato un problema grosso, non ci aveva dormito, e la mattina era ancora piena d'ansia.

Siamo noi per primi a crearci problemi. Non voglio dire che non esistano problemi al di fuori di noi, però spesso ci autolimitiamo. Non vediamo alternative. Tanti, per esempio, mi allungano la mano comunque. Non salutiamo le persone per chi abbiamo davanti, ma lo facciamo perché è una convenzione. Siamo prigionieri dello schema. Se salta un tassello – la stretta di mano – salta tutto un incontro. Fermi alla prima difficoltà. E tutte le altre dove le mettiamo?

Libera

Alla fine della scuola era sempre difficile tenerci in classe. Claudia, la maestra, era pronta a venirci incontro e a giugno ci portava spesso a fare lezione in giardino.

Io però attendevo con ansia l'ultimo giorno, non tanto per andare in vacanza – amavo andare a scuola e stare con i miei compagni – ma perché facevo la festa di compleanno, prima in classe e nel pomeriggio a casa.

Ho tanti ricordi delle elementari. Sono cresciuta con una serenità tale da sembrare strana. Si potrebbe pensare che io abbia avuto un'infanzia difficile e triste, ma è stato proprio il contrario. Se potessi fermare il tempo, forse lo bloccherei in quel periodo della mia vita, quando tutto aveva un sapore così forte e la vita era piena di promesse.

Avevo organizzato tutto con attenzione: il vestito posato sulla sedia, nuovo e pronto per essere indossato il giorno dopo con le scarpe abbinate. Avevo preparato con cura anche lo zaino: non la mia solita cartella, ma lo zainetto verde acqua di mia sorella. Indossare qualcosa di suo mi faceva sentire più grande, ero riuscita a convincerla solo perché l'evento era davvero importante. Quando fui assolutamente sicura che tutto era pronto, annunciai che sarei andata a dormire presto. Dettaglio che avrebbe dovuto insospettire i miei genitori – di solito insistevo per restare alzata fino a tardi – ma, visto l'impegno del giorno seguente, loro pensarono soltanto che stessi diventando più diligente. Io, invece, volevo solo essere pronta: il giorno dopo avrei fatto tutto da sola.

La mattina la sveglia suonò alle 7.30, come tutti i giorni dei cinque anni precedenti. Non aspettai l'arrivo della nonna per alzarmi: lo feci da sola. Anche questo particolare non destò sospetti. Molto bene.

Mi preparai con cura, feci colazione allegramente e indossai da sola lo zainetto. Anche quello era un dettaglio organizzato con scrupolo, e anche quello passò inosservato. Tirai un sospiro di sollievo e, fiera di me, pensai che tutto stava andando secondo i miei piani.

Davanti alla porta di casa cominciai a gridare: «Mamma, andiamo!». Lei arrivò di corsa, per paura di fare tardi, e in pochi minuti fummo davanti alla scuola. Prima che io scendessi dalla macchina mi baciò, come faceva tutte le mattine. Mi incoraggiò per l'esame di quinta: «Simo, mi raccomando, fai tutto bene»; poi aggiunse: «E aspetta che la mamma venga a prenderti, ok?».

Il "sì" che stava per uscirmi dalla bocca rimase sospeso tra la lingua e le labbra. "Non me lo ha mai detto" pensai allarmata. "È scontato che la debba aspettare, perché me lo dice?" Temendo che le venisse un qualche dubbio mi affrettai a risponderle: «Sì, mamma, stai tranquilla» e scappai via di corsa insieme alle mie intenzioni.

Entrai a scuola con il fiatone: scampato pericolo.

L'atmosfera in classe non era la solita: tutti erano tesi, la maestra seria. Distribuì i compiti di matematica dicendoci di svolgere i problemi prima in brutta e poi di copiarli con attenzione in bella.

I problemi mi sembravano abbastanza facili e sapevo come risolverli. La matematica non era il mio forte, ma mi sentivo tranquilla.

Quando gli altri cominciarono a consegnare i compiti, io ancora non avevo finito. Rischiavo che il mio piano fallisse e non potevo permetterlo: era la mia ultima possibilità, poi la scuola sarebbe finita. Troppi bambini erano già usciti e la mia mamma stava sicuramente per arrivare. Copiai in fretta l'ultimo problema e consegnai. La maestra mi domandò se ero sicura e io risposi sorridente di sì. Sistemai lo zainetto sulle spalle, come avevo provato e riprovato a fare nei giorni precedenti. Non volevo rischiare di non riuscirci da sola e, con la paura che qualcuno potesse dirmi di aspettare la mamma, avevo studiato per giorni la tecnica con la precisione di una professionista del "crimine".

Quando mi vide pronta per uscire, la maestra mi chiese se mia madre fosse già arrivata, e io le dissi che l'avrei aspettata fuori. Iniziai a correre. La mamma, per fortuna, non c'era ancora. Tirai un sospiro di sollievo e, di nascosto, iniziai a dirigermi verso casa. Prima camminando lentamente, per non attirare l'attenzione, poi con passo sempre più sicuro. Sapevo che la mamma ormai doveva essere in zona e volevo riuscire a portare a termine almeno una parte del mio piano.

Volevo andare a casa da sola. Era un sogno che coltivavo da anni. La mamma e il papà non me lo permettevano perché per arrivare avrei dovuto attraversare una strada pericolosa e perché ero ancora piccola. Ma durante tutto l'ultimo anno di elementari ne avevo fatto il mio obiettivo. Avevo implorato il permesso per mesi senza ottenere nulla, così avevo deciso di fare di testa mia. «Tornerò a casa da sola l'ultimo giorno degli scritti» mi ero detta, e avevo dato il via ai preparativi.

Finalmente marciavo soddisfatta nel mio vestitino nuovo con le scarpe abbinate. Lo zainetto alla moda di mia sorella mi dondolava sulla schiena, al ritmo del mio passo.

In lontananza, vidi arrivare una macchina. Strizzai gli occhi fortissimo, come per esprimere un desiderio: "Fai che non sia la mamma, fai che non sia la mamma...".

Quando li aprii, mi accorsi che era proprio lei. Cominciai a tremare per la paura di essere sgridata. Lei accostò, aprì la portiera e io entrai senza perdere tempo. Avevo paura di guardarla in faccia, e infatti fissai le scarpe che mi ero tolta per sfilarmi lo zainetto.

«Cosa ci fai qui?» mi chiese con voce decisa ma rassicurante.

«Stavo tornando a casa perché ho finito l'esame un po' prima» replicai fingendo una sicurezza che non avevo.

«Ma hai fatto tutto bene?»

«Sì, sì, mamma, tutto bene, stai tranquilla» replicai in fretta.

Mentre la macchina girava per tornare verso casa mi sentivo soddisfatta: ero arrivata quasi a metà strada. Avrei voluto farla tutta da sola, ma potevo ritenermi contenta, il mio piano era quasi riuscito. Ero davvero felice, come se avessi sostenuto l'esame più importante della mia vita.

In casa trovammo un'atmosfera diversa. La nonna in attesa sulla porta non era un inizio promettente. Si affrettò a dire, senza nemmeno prendere fiato: «Ha chiamato la maestra, devi riportare subito Simona a scuola perché ha sbagliato a copiare il risultato di un problema». A ogni parola la mamma si arrabbiava sempre di più. Senza che avesse bisogno di dirmelo, ero già seduta in macchina con la testa bassa. Arrivammo a scuola in silenzio. Corsi in aula e la maestra mi riconsegnò i fogli. Corressi l'errore in un attimo, ma rilessi la bella almeno dieci volte per prendere tempo: mi ero messa nei guai.

La mamma era furiosa. Io sapevo di aver sbagliato, ma ero troppo fiera di quel tratto di strada da sola. L'esame di quinta elementare era importante, ma la mia indipendenza era un traguardo molto più significativo.

Ho sempre avuto un fortissimo desiderio di indipendenza. Quel primo passo l'ho pagato un po' caro perché la mamma è rimasta arrabbiata con me per parecchio tempo: non avevo dimostrato serietà e precisione per lo studio, e per di più in occasione di un esame importante come quello di quinta elementare. Ho avuto l'incubo di quel giorno per molto tempo, ma ora sono certa che il mio vero esame fosse quel breve tratto di strada a piedi. Oggi ricordo persino il rumore dei passi, e la sensazione di sentire solamente i miei. Non percepire la cadenza dei passi di qualcun altro era stato entusiasmante! Per anni ho provato a sincronizzarmi sul passo altrui per provare di nuovo quella sensazione. Se chiudo gli occhi annuso ancora gli odori di quell'inizio d'estate.

I papaveri e i mughetti erano cresciuti nel campo accanto al marciapiede. Avrei voluto fermarmi e raccoglierne qualcuno, ma ero troppo concentrata sul fare più strada possibile e non potevo permettermi di perdere tempo.

Respiravo profondamente per assorbire più vita possibile. Una brezza leggera mi accarezzava i capelli. Più acceleravo il passo più loro volavano all'indietro. Mi sentivo tutt'uno con la natura, e per un istante sperai che quella passeggiata non finisse mai.

Mi sentivo libera. E la libertà non si può misurare.

Sono un girasole

Mi affacciai al balcone e una leggera brezza mi accarezzò il viso. Era l'aria di casa mia, la più piacevole in assoluto. Da lì mi sembrava di scorgere tutto il mio mondo. Davanti a me ecco le montagne: la loro sagoma si intravedeva in lontananza, come se fosse disegnata a matita.

Abbassai lo sguardo e mi accorsi che una pianta era spuntata dal pavimento del cortile. Era nata dal cemento, ma era forte e rigogliosa e sfoggiava tutta la sua bellezza. Era un girasole. Allungava la sua testa gialla come il sole, infilandosi tra le sbarre del cancello, e si sporgeva per guardare meglio il mondo.

Qualche settimana prima Andrea e io l'avevamo scambiato per un'erbaccia. L'istinto di Andrea era stato quello di strapparla, ma la mamma aveva urlato: «Fermo! È un girasole». L'avevamo guardata come se avesse detto un'assurdità, ma l'avevamo assecondata. Era davvero così.

I girasoli sono sempre stati i miei fiori preferiti. Da bambina cantavo una canzone che raccontava la storia di un girasole che seguiva il sole, e mi sembrava di cantare la mia storia.

Alzai di nuovo lo sguardo a cercare il sole. La luce per un momento mi accecò. Socchiusi gli occhi per riuscire a mettere a fuoco e qualcosa mi turbò.

Vicino a casa, a poche centinaia di metri, c'è il cimitero. Da bambina non lo notavo nemmeno, poi è diventato un elemento del paesaggio, come la strada, i filari, i grandi alberi, le case. Ora è una culla e una meta.

La prima volta che andai a trovare lo zio Ponziano non mi soffermai a guardare la sua foto e a leggere le parole che la zia aveva scelto per la lapide. A sinistra vedevo la mia casa. Accanto, quella dello zio. Fu un colpo al cuore. Questa scoperta mi lasciò senza parole, ma il pensiero che non fosse andato tanto lontano mi rincuorò.

Mi piace continuare a immaginarlo felice nel suo giardino. È lì che lo vidi l'ultima volta, prima che quella leucemia fulminante se lo portasse via per sempre. Eravamo appena tornati da Città del Messico. Eravamo dovuti rimanere alcuni giorni in più a causa dell'eruzione di quel vulcano islandese dal nome impronunciabile. Lo zio ci aveva accolto con il suo grande sorriso. Era alle prese con l'orto e aveva costruito una "casetta" per proteggere le sue piante. Andrea, notando la cura con cui si occupava di loro, gli aveva detto che avrebbe voluto essere una delle sue piantine, per ricevere tutte quelle attenzioni. Poteva sembrare una battuta, ma non lo era. La cura e l'affetto che lo zio dedicava all'orto riflettevano la sua capacità di amare.

Il suo sorriso sereno è l'immagine più nitida che ho di lui. Ed è la stessa che mi appare ogni volta che mi ripenso insieme a lui da bambina. Lo rivedo all'uscita dei miei saggi di danza, quando mi veniva incontro donando una rosa a me e una a Gioia. Era presente, insieme alla zia Elisa, a ogni rappresentazione. Era così fiero di me da commuovermi.

Quando ero piccola, pensavo che fosse un angelo. Era sempre così delicato e attento che sembrava provenire da un altro pianeta.

Un angelo di passaggio sulla terra: così me lo immaginai quando se ne andò. Aveva avuto il compito di donare amore e gioia a chi lo incontrava e ora tornava da dove era venuto. Se n'è andato in un battito di ciglia, lasciando dietro di sé una scia di quella luce che lo aveva avvolto per tutta la vita.

Il giorno dopo la sua morte sarei dovuta partire per lavoro. Gli spettacoli e gli incontri erano organizzati da mesi e non potevo fare altrimenti. Per un istante rimpiansi di non avere un lavoro normale. Quella mattina d'inizio primavera fui costretta a prendere un treno, allontanandomi apparentemente dal dolore della mia famiglia. Solo le parole della zia riuscirono a darmi la forza per partire. Mi disse: «Simona, vai, lui avrebbe voluto così».

Appena il sipario si aprì, venni assalita da un'incontrollabile voglia di scappare. Feci un sospiro, chiusi gli occhi e pensai al grande sorriso dello zio. Lo immaginai in prima fila, con la sua rosa in mano, proprio come quando ero bambina. Iniziai a sentirmi meglio e decisi di lasciare andare tutto il mio dolore. Danzai per lui quella sera. Alla fine dello spettacolo, una lacrima calda solcò lenta il mio viso. Non era più dolore: era semplice gratitudine per aver avuto accanto a me un angelo. Lo salutai con un profondo inchino.

Mi sentivo fortunata: mi ero potuta congedare da lui in un modo speciale, attraverso quella danza che lui aveva amato tanto.

Girai il volto e fu come tornare alla vita. Il girasole stava tentando di spingersi oltre il cancello per raggiungere il sole.

Quel girasole, cresciuto nel cemento e incastrato tra le sbarre di un cancello, sembrava parlare proprio di me. Sentivo il suo spingersi verso la vita simile al mio. Come me, provava ad andare oltre la difficoltà del nascere e del crescere, alla ricerca di luce e gioia.

Sorrisi e, compiaciuta, lo osservai ancora per un po'. Mi piaceva sentirmi così: come un girasole.

Danza di libertà

Una mail: una richiesta, all'apparenza come tante altre. La firmava Luca Ramigni, a nome della Fondazione Fontana di Padova. Seguirono due incontri sulle attività della Saint Martin CSA, un'organizzazione religiosa che, in Kenya, si prende cura delle persone più fragili e vulnerabili, spesso dimenticate dalla società: i disabili, i bambini di strada, le donne vittime di violenza e così via. Il loro motto è "*Only Through Community*", solo attraverso la comunità.

Era il novembre del 2010. Pensavo che mi aspettasse un viaggio: è stato l'inizio di un tuffo nell'animo umano.

Il Kenya mi colpì sin dall'arrivo a Nairobi, e io non avevo nessuna intenzione di opporre resistenza. Avrei lasciato che l'Africa mi mettesse KO, sapendo che avremmo comunque vinto entrambi.

Mi aspettavano dieci giorni di programma serratissimo, tra spettacoli e incontri motivazionali, ma sentii che il Kenya mi avrebbe dato risorse nuove appena fuori Nairobi, quando vidi grandi cicogne atterrare sugli alberi. Il mondo sembrava capovolto: lì è la natura la regina incontrastata.

Il cancello di Effatha, una delle case famiglia che ospitano ragazzi con disabilità, è decorato con uno striscione bianco: FLYING WITHOUT WINGS. "Volare senza ali." La mia frase, dipinta a mano: il primo regalo dell'Africa.

Il secondo arrivò subito dopo, ed era una nuvola di baci. Don Gabriele disse ai bambini di darci il benvenuto e, appena scesi dal minibus – il *matatu* – Andrea, io e Giusy Sprovieri, la mia amica e partner, venimmo letteralmente avvolti. Ci sentimmo subito a casa.

Il giorno dopo iniziarono le danze, nel vero senso della parola. Era la festa di Effatha.

Giusy e io ci preparammo con cura, come prima di ogni evento, e ballammo durante la messa. L'incontro motivazionale che seguì lo spettacolo fu molto spontaneo: Maurice, il nostro "angelo custode" durante il viaggio, tradusse le domande dal kikuyu e dal kiswahili. Per terra, sdraiati sull'erba, Andrea e Giusy facevano conoscenza con i bambini. Il tempo di rispondere a qualche domanda e Giusy aveva un bambino sulla schiena, un altro stretto davanti a sé, e altri ancora tutti intorno; Andrea si era fatto portare alcuni fogli di carta e costruiva gru e rane che i bimbi facevano volare e saltare per il prato, mentre alcuni di loro gli si arrampicavano sulle spalle.

Terminato l'incontro mi avvicinai, anch'io volevo conoscere i bambini. Loro sembravano non aspettare altro. Allungarono le manine a cercare i miei piedi. Li guardarono e li accarezzarono. Fu una bellissima sensazione. Era la prima volta che mi capitava, di solito i miei piedi incutono un po' di timore. Non avviene quasi mai che qualcuno desideri toccarli, ma in Kenya è diverso. Tutto ciò che consideriamo normale, in Kenya smette di esserlo. Non che io sia una fan della normalità, anzi: non mi è parso vero di poter condividere con quei bambini l'importanza che hanno per me i piedi!

Non avevo mai creduto alla storia del "mal d'Africa". Pensavo che fosse l'invenzione di qualche scrittore. Invece qualcosa c'è. E c'è ovunque. Nelle case famiglia, nelle strade, sotto gli alberi, nello sguardo dei bambini, nel sorriso di Maurice e di don Gabriele. In prigione.

Il cancello di legno della prigione di Nyahururu si aprì lento. Non sembrava l'ingresso di un carcere: era colorato e tutto consumato e dava l'impressione di potersi rompere con un calcio. Se non fosse stato per la scritta, GK PRISON NYAHURURU, avrei pensato all'entrata di una comune di hippy.

Entrammo e il *matatu*, di colpo, rallentò, come se stesse procedendo al rallentatore, e sembrò rimpicciolirsi, facendomi sentire più vicina agli altri passeggeri. Ci guardammo freneticamente. "Ho paura", pensai quasi ad alta voce. Gli occhi di Giusy dicevano esattamente la stessa cosa.

"Di che cosa ho paura?" mi chiesi. Forse di ciò che non conosco. Abbiamo sempre paura di ciò che non abbiamo mai sperimentato. Per fortuna, il carcere non è una realtà che frequento nel quotidiano e, in più, eravamo in Kenya. Era normale avere timore. Questo pensiero mi consolò, non amo farmi prendere dalla paura dell'ignoto.

Mi lasciai avvolgere dalla serenità di don Gabriele e mi sfuggì un primo sorriso.

Scendemmo dal *matatu* e Andrea cinse me e Giusy con le sue ali protettive. Sembrava enorme, come se potesse volare via da un momento all'altro portandoci con sé. Ma rimanemmo con i piedi ben ancorati a terra. Il carcere di Nyahururu quel giorno sarebbe stato la nostra scuola.

Due guardie carcerarie ci accompagnarono nell'ufficio del direttore. In Kenya tengono molto alla forma, e ovunque l'etichetta viene rispettata nei minimi dettagli. Il direttore, un uomo distinto e cordiale, ci aspettava fuori, in divisa. Ci fece accomodare nel suo ufficio, sulle sedie intorno alla scrivania. Lui si affrettò a sedersi al suo posto. Quella scrivania era simbolo di potere, e lui intendeva farci capire che ricopriva un ruolo importante. Le pareti dell'ufficio erano tappezzate di foto. Mentre il direttore parlava, mi persi in quei volti incorniciati. A un certo punto lui ordinò che gli venisse portato il libro degli ospiti: desiderava registrare questo evento. Mi accorsi che avermi lì per loro era importante, non lo davano per scontato, non lo facevano perché era una richiesta del prete bianco che viene dall'Italia. Ci tenevano, e quello era il loro modo per dimostrarlo. Apposi firma e data e fummo di nuovo all'aperto. Senza fronzoli, lì conta l'essenziale.

Fuori cercai gli enormi occhioni blu di Giusy, volevo proteggerla. Andrea, invece, non ebbi bisogno di cercarlo: fu lui a trovare me e a guardarmi con amore.

Don Gabriele, Maurice con il suo grande sorriso dai denti bianchi e Luca della Fondazione Fontana completavano la squadra. In quel momento eravamo compagni di vita. Li conoscevamo da poco, ma non avremmo potuto condividere con nessun altro quell'esperienza.

Arrivammo di fronte a un portone. Anche questo si aprì lento come il cancello esterno, ma non era colorato: sembrava proprio quello di un carcere. Era grigio, spesso e nascondeva un altro mondo. I colori li lasciammo fuori, da quel momento in poi fu tutto in bianco e nero. Anche il cielo sembrò essersi stinto.

Davanti a noi si aprì una distesa di cemento. In piedi, una foresta di strisce bianche e nere, dalle quali uscivano volti e piedi neri. Erano i carcerati di Nyahururu.

Ci aspettavano. Solo dopo scoprimmo che mancavano i prigionieri in isolamento. Il mio cuore sembrò voler correre fuori.

Don Gabriele mi comparve accanto, non voleva lasciarmi sola. Quell'uomo è speciale, ho imparato subito a volergli bene. Lui sa ricambiare con i gesti e con la concretezza che ha imparato in Africa.

Era tutto pronto per il nostro balletto e l'incontro con gli uomini e le donne del carcere. Loro erano tutti seduti a terra: una distesa umana di vite chiuse dentro quelle mura.

Mi sentii improvvisamente piccolissima. "Cosa si aspettano da me? Da questa piccola donna bianca che viene da lontano? Lei non ha le braccia e danza e loro vogliono incontrarla. Perché? Cosa posso dire e dare loro?" Queste domande mi rimbombavano in testa e rumoreggiavano talmente forte che riuscii a distrarmi da quello che vedevo. Cercai i sorrisi di Luca e Maurice per tornare in quel luogo così distante da tutto ciò che i miei occhi avevano fino ad allora visto.

Ci fecero sedere sotto una tenda-ombrellone bianca per proteggerci dal sole. Alla nostra destra era stato steso un tappeto da danza di linoleum, grigio, sul quale c'erano due sedie di scena. I carcerati mi scrutavano, mi sembrava che mi scavassero dentro.

Chiesi se ci fosse un posto dove Giusy e io ci saremmo potute cambiare lontano da tutti quegli occhi. Si trattava solo di togliersi la tuta – sotto avevamo già body, *leggings* e una gonna a fiorellini, approvati da don Gabriele – ma non potevamo farlo davanti al pubblico. Per loro era una richiesta bizzarra, ma ci accompagnarono comunque in una struttura a pochi metri. Era una cella fatiscente, fuori e dentro, dove di solito viveva una trentina di carcerati. Non c'era nemmeno la possibilità di sdraiarsi per dormire. Ci vennero i brividi, così ci affrettammo a tornare fuori.

Un gruppo di detenuti maschi aveva preparato per noi una canzone e una danza. Corremmo a sederci, per godere del loro dono. Erano tutti ragazzi giovani, più un uomo adulto, che ballava e cantava con una ciabatta diversa dall'altra. Una delle due era rotta e lui faticava a tenerla addosso, ma danzava comunque con tutta la sua energia e riuscì a non perderla. Quella danza era splendida, la musica ci contagiò come se la conoscessimo da sempre.

Venne il momento delle donne, giovani donne dagli sguardi profondi. Anche loro avevano preparato qualcosa per noi.

Poi mi presentarono, non so cosa dissero e forse non volli nemmeno saperlo. Cercai di sorridere a Giusy, che era tesa. Ci alzammo quasi di scatto, poi, lentamente, ci posizionammo al centro di quello che avrebbe dovuto essere un palco. I nostri primi movimenti furono tentennanti. Il nervosismo ci bloccava. Provammo a darci coraggio, abbozzammo un sorriso, ma quegli sguardi scuri non ci davano tregua. Cercammo di contrastarli, ma era impossibile. Sentii l'istinto di fuggire – e Giusy mi avrebbe seguito – ma rimanemmo lì, legate ai nostri movimenti. Continuando così, sarebbe stata una tortura portare a termine l'esibizione.

Giusy si sedette su una delle due sedie di scena e alzò il braccio destro, contemporaneamente io alzai la gamba destra. Il movimento era lento e aggraziato: eravamo due corpi che si muovevano all'unisono. Mentre alzavo la gamba, con la coda dell'occhio notai gli occhi degli spettatori: si alzavano con me. Erano talmente in sintonia con il mio movimento da dare fiato alla loro emozione con un coro di «Oooh!».

Da quel momento tutto cambiò. Non eravamo sole a danzare, Giusy e io, ma tutti ballavano con noi. A ogni movimento sentivamo la loro partecipazione. Giusy e io ci guardammo, le nostre teste accennarono a un sì, come per dire: "Ce l'abbiamo fatta".

Danzammo trepidanti, come se stessimo calcando per la prima volta un palcoscenico prestigioso. Quel pezzo di linoleum grigio, posato su una colata di cemento non uniforme, si trasformò nel palcoscenico più importante del mondo.

Il pensiero di dare a quei carcerati un po' di libertà con la mia danza mi sfiorò la mente. Mentre mi muovevo, però, cacciai con violenza quel pensiero, e per un istante me ne vergognai. Non stavo dando loro un po' di libertà: la libertà la stavamo provando tutti insieme. Ed era la danza a regalarcela. Non era un caso che i nostri corpi si muovessero sulle note della *Barcarolle* di Offenbach, presente anche nella colonna sonora del film *La vita è bella*. Benigni l'aveva scelta per il momento in cui Guido, il suo personaggio, gira verso la finestra un grammofono, per raggiungere la sua "principessa" con la musica.

Mi chiedevo se la musica e la danza potessero trasmettere una sensazione di libertà in prigione. Fino a ieri avrei risposto di no, oggi posso gridarlo: è possibile.

Finita la nostra danza, tutti applaudirono. L'applauso così come lo intendiamo in Occidente non fa parte della cultura di quello spicchio d'Africa, ma in quel momento battere le mani si trasformò in un codice universale. Giusy e io ci sorridemmo, poi rimasi sola sul palco e Maurice mi fece cenno di accomodarmi su una delle sedie rimaste sul palco. Mi raggiunse pochi secondi dopo, con il microfono. Gli sguardi erano tutti su di me quando alzai il piede destro per prenderlo.

Tengo spesso incontri motivazionali nelle scuole, nelle aziende, nelle parrocchie, nelle onlus… ovunque mi chiamino per raccontare la mia storia e parlare del potenziale umano che ciascuno di noi nasconde dentro di sé. Nessuno di questi incontri, però, è paragonabile a quello nella prigione di Nyahururu.

Maurice tradusse per me le prime domande in kiswahili o in kikuyu. Ero serena: avevamo danzato insieme, come avrei potuto non esserlo?

Una giovane donna si avvicinò al microfono timidamente. Mentre parlava mi guardava negli occhi: «Io ho tre figli e non ho marito. Provo a vendere il carbone e mi mettono in carcere, faccio altri tipi di lavori e finisco sempre in carcere. Tu, invece, che non hai le braccia, fai tutte queste cose. Come posso riuscirci anch'io?».

Non so come, fui in grado di sostenere il suo sguardo. Mi si gelò il sangue. Non sapevo cosa pensare, la voce faticava a uscire, così scelsi di parlarle con il cuore. Non sapevo cosa potesse fare quella donna: non conoscevo il suo mondo, non capivo nemmeno perché si finisse in carcere per aver venduto del carbone. Non ero io a poterle dire ciò che dovesse o non dovesse fare. Rimasi un attimo in silenzio, a guardarla. Era davvero molto bella, sembrava un'attrice. Iniziai da lì, e glielo dissi: «Sei molto bella e sei giovane. Hai tre grandi doni: i tuoi bambini. Mi sento di dirti che è da questo che devi ripartire, dall'amore per i tuoi figli e per te. È per questo grande amore che devi trovare la tua strada, per dare un futuro a te e a loro, e io te lo auguro con tutto il cuore».

I suoi occhi si riempirono di lacrime, i miei lo stesso. Mi sorrise, strinse il microfono e mi disse: «*Thank you, thank you, thank you*». Tre volte, come i suoi tre figli. Non sapevo cosa avevo detto o fatto, ma quella giovane donna mi stava ringraziando. Per un istante la immaginai felice con i suoi bimbi, senza quell'orribile divisa bianca e nera, ma con un magnifico abito africano dai colori accesi.

Mi sciolsi completamente e bevvi un sorso della Coca-Cola che mi avevano portato. Questo mio gesto piacque molto e scatenò un divertente mormorio, io mi lasciai andare e mandai loro un bacio con il mio piede destro. Fu un'ovazione! E tutti ci abbandonammo a una risata contagiosa e liberatoria.

Alla fine dell'incontro mi alzai quasi con un salto. Raggiunsi il mio gruppo e, insieme, ci dirigemmo verso i ragazzi davanti a noi. Ora potevo guardarli più da vicino. Erano giovani e belli. Mentre danzavano, si abbracciavano e si tenevano le mani.

Mi accolsero con entusiasmo, come un'amica che conoscevano bene.

Alcune delle donne tenevano in braccio bambini piccoli. Un neonato dormiva tranquillo sulla schiena della mamma, tenuto fermo da una coperta stretta alla vita. Scattammo delle foto, ma continuavo a pensare a quelle piccole creature che vivevano in carcere.

Improvvisamente ogni pensiero perse importanza: sentimmo una musica. Sembrava arrivare da lontano, da un'altra dimensione, ma era proprio lì, in prigione. Le note non avevano colore, ma si accesero di luce nel momento in cui Luca iniziò a muoversi. Timidamente qualcuno si unì a lui. Luca si avvicinò ai ragazzi e loro si scatenarono in una danza piena di colore. Esplose la magia più pura che i miei occhi abbiano mai visto: il carcere si trasformò in una pista da ballo. Vidi i corpi muoversi lenti e iniziai a danzare con loro. Ci guardammo come se non credessimo ai nostri occhi. Non poteva essere: eravamo in un carcere e stavamo ballando tutti insieme.

Eccola, la nostra danza di libertà.

In un primo momento le guardie carcerarie si spaventarono. Era vietato fare cose del genere in carcere. Nessuno l'avrebbe mai immaginato. In fondo, però, non stava succedendo niente di male, così ci permisero di continuare.

Fu un trionfo della vita.

È stato difficile andare via, lasciare quella danza che sembrava non voler finire mai, gli sguardi, l'atmosfera.

Quando il portone grigio si chiuse dietro di noi, senza che me ne accorgessi una parte di me era rimasta dentro quel cortile, ad assaporare ancora un po' di quella libertà. Risalimmo sul *matatu* e il tempo riprese il suo ritmo regolare. Le porte del cancello colorato si aprirono e, appena fuori, controllai che tutto fosse uguale a quando eravamo arrivati.

Scappare era l'unica cosa che potevo fare. Chiusi gli occhi, feci un profondo sospiro e immaginai di correre più forte possibile. Non avevo alternative. Non riuscivo a scegliere di andare via spontaneamente, a scegliere di lasciare quella terra, dove avevo riso con la parte più profonda del mio cuore e pianto con l'anima divisa in mille pezzi. Dove avevo danzato la libertà.

Io posso stupirmi

Sono convinta che ciascuno di noi abbia un talento. Non per forza artistico: il talento è un'opportunità, è dare un senso alla propria vita. Si può dimostrare talento nel fare qualunque cosa: la mamma, la casalinga, la ballerina, il falegname... Non è detto che sia necessario raggiungere chissà quali vette di notorietà: il successo è una faccenda intima.

Le risposte non sono fuori da noi: sono dentro. È lì che prendono corpo i desideri, che si crea l'intenzione, che si rafforza la volontà. Senza questi passaggi non si va da nessuna parte. Bisogna guardarsi dentro, scoprirsi, cercare gli stimoli giusti.

Io credo che in ognuno ci sia del buono, da mettere a disposizione di se stesso e degli altri.

Prendiamo una persona sfiduciata, insoddisfatta, priva di motivazione, e quindi poco interessante. Potremmo lasciarla perdere, oppure aiutarla a tirare fuori il meglio di sé. Come? Considerandola migliore di come lei si vede. La stima degli altri, la fiducia sono un motore potentissimo per mettersi in discussione, per avviare il cambiamento. Anche solo delle nostre lenti sul mondo: gli occhi servono per guardare in profondità, non solo per vedere.

Se diamo per scontato il nostro percorso, i nostri traguar-

di, i nostri progetti, se ci sentiamo già arrivati, tutto prende un colore neutro. Non è così: siamo sempre all'inizio di qualcosa. Se ci consideriamo persone in cammino, se siamo pronti a raccogliere stimoli e a cambiare strada, quello che abbiamo riluce dei colori più vivi, e il futuro sarà un mistero da scoprire, un regalo da scartare, una sorpresa

Ricomincio da *Me*

L'aeroporto di Milano era il nostro punto di partenza, Madrid la destinazione.

La mamma, io, Giusy e Mariacristina ci presentammo al check-in con largo anticipo. Volevamo fare tutto con calma per goderci ogni attimo. Questa avventura era tutta nostra ed eravamo elettrizzate.

"Ricomincio da me", avevo pensato quando si era affacciata l'idea di curare interamente uno spettacolo. Volevo giocare con tutte quelle emozioni che, negli anni, erano cresciute e che allora mi chiedevano con insistenza una forma, un colore, un suono, un movimento.

Quelli tra la fine dell'estate e l'inizio dell'autunno del 2010 erano stati giorni di duro lavoro, di prove, di ricerca delle musiche, di studio di ogni singola movenza, di preparazione dei costumi, di regolazione delle luci: un impegno a tutto tondo. Ma non ero sola: ricominciavo da *Me* – che questa volta è un titolo – insieme all'affetto delle persone che mi amavano. Mariacristina, Giusy e due miei cari amici danzatori del Teatro alla Scala, Marco (Messina) e Salvo (Perdichizzi), mi sostenevano umanamente e con la loro professionalità. Le nostre energie erano a mille.

Il momento era arrivato. Giusy, Mariacristina e io saremmo partite prima per partecipare al Festival di Cazorla, in Spagna; Marco e Salvo ci avrebbero raggiunte a Madrid.

Me stava per andare in scena.

Da Madrid ci vollero quattro ore di macchina per arrivare a Cazorla, nel cuore dell'Andalusia. Il teatro era a pochi metri dall'hotel, affacciato sulla grande piazza. Emozionate ed euforiche rimanemmo chiuse dentro a provare e riprovare fin dal mattino, per preparare lo spettacolo con la massima cura. Tutto avrebbe dovuto essere come lo avevamo immaginato.

Finì in un attimo. I balletti si susseguirono e sembrarono volare via, scapparci di mano. La luce si spense, lo spettacolo era terminato. Il pubblico applaudì con entusiasmo. Ce l'avevamo fatta: era piaciuto. Corremmo fuori dal palco per prepararci ai saluti, il cuore alle stelle. Entrammo in scena cercando di controllarci e ringraziammo il pubblico con gratitudine. Il sipario si chiuse e noi ci abbandonammo a un abbraccio intenso e sincero. Eravamo talmente felici e piene di adrenalina che avremmo potuto danzare ancora per ore. La mamma ci attendeva nel camerino. Ci strinse tutte nelle sue braccia. Anche lei, in un certo senso, aveva danzato con noi. Voleva premiare i nostri sforzi con il suo affetto, la circondammo e dal nostro cerchio si levò un sospiro: era andata, ora tutto lo spazio era per la gioia.

La seconda versione di *Me*, nella quale sono presenti balletti di e con Marco e Salvo, è andata in scena due giorni dopo, a Madrid. I rinforzi erano arrivati e il desiderio di replicare il successo ci teneva svegli e pieni di entusiasmo.

Anche a Madrid lo spettacolo corse via veloce. I *pas de*

deux si alternavano ai nostri assolo e ai *pas de trois*. Quando entrammo tutti e cinque in scena la nostra complicità era al massimo. Ci stavamo divertendo e il pubblico lo percepiva. Avremmo voluto poter dilatare il tempo perché quella magia potesse non finire mai, ma quando la musica suonò le ultime note e la luce sfumò lentamente su di noi lo spettacolo era davvero terminato.

Il pubblico applaudì talmente forte che per un istante restammo immobili in scena, senza trovare la forza di muoverci. Uno alla volta, gli spettatori si alzarono: tutti avevano deciso di rimanere in piedi ad applaudirci.

Ci abbandonammo a un inchino profondo.

Tra gli spettatori scorsi tre visi familiari. La mamma, che sembrava essersi intrufolata in platea quasi per caso, applaudiva e gioiva. Gianfranco e Rosanna, i genitori di Andrea, venuti fino in Spagna per godere con noi di questa nuova avventura, si barcamenavano nel vano tentativo di applaudire e nascondere la commozione allo stesso tempo. Ora finalmente potevamo festeggiare, aspettando che *Me* si trasformasse ancora.

La nuova versione di *Me*, arricchita di altri interpreti, andò in scena nel 2011 al Teatro Cagnoni di Vigevano. Il Lions Club - Vigevano Host, nella persona di uno dei suoi ex presidenti, Stefano Omodeo Zorini, ormai un amico, ci aveva invitati per la seconda volta a festeggiare l'8 marzo e noi non potevamo mancare. Ospite della serata era una donna, un'artista e una mamma speciale, Oriella Dorella, che aveva accettato subito con entusiasmo il nostro invito. Arricchivano il nostro cast Eloisa Milletti, con cui avevo danzato fino all'anno precedente, e due meraviglie del Teatro alla Scala, Lara Montanaro e la prima ballerina Sabrina Brazzo.

Una volta dato il via alle prove, sembrava che lo

spettacolo volesse decollare prima di andare in scena. A mano a mano che la data si avvicinava eravamo sempre più euforici.

Il 7 marzo lo dedicammo alle prove generali: avevamo colto tutti i preziosi suggerimenti che la grande Oriella Dorella ci aveva elargito con tanta passione e professionalità e, fino all'ultimo momento, avevamo continuato a mettere a punto, modificare, limare, perfezionare. Mi sentivo lusingata e fiera del suo interesse verso il mio – il nostro – spettacolo, e l'emozione di danzare insieme a lei cresceva di ora in ora.

Il giorno dopo stavamo per salire in macchina per recarci al teatro quando suonò il telefono. «È Sabrina» dissi a tutti allegramente. Immaginai che volesse chiedermi qualcosa per la serata, ma la sua voce non era squillante come al solito. Mi disse che si era fatta male durante la lezione quotidiana alla Scala e che stava andando al pronto soccorso. Il sorriso con cui risposi al telefono si spense e lasciò spazio allo sgomento. Sabrina era dispiaciuta e dolorante, io mortificata per lei. Sapevo quanto ci tenesse a danzare con me e, soprattutto, sapevo quanto bene mi volesse: questo incidente per lei era un dolore grande, non solo per quel piede che da mesi le causava grosse difficoltà, ma anche perché non avrebbe potuto danzare la sera. Cercai di rincuorarla e le dissi di non preoccuparsi, ma sapevo già che lei l'avrebbe fatto.

Appena riattaccai venni presa dal panico. Sabrina avrebbe dovuto interpretare con me un balletto dedicato alla maternità. Avevamo creato insieme quella coreografia proprio ispirandoci alla figura di una madre, una madre come lei. Solo una mamma avrebbe potuto danzarla insieme a me.

Le prime ore da quella telefonata furono di preoccupazione e ansia, sia per la salute di Sabrina sia per lo spettacolo. Dovevo trovare una soluzione, così cercai di stare calma e diedi fondo a razionalità e contatti.

Poco prima che perdessi del tutto le speranze arrivò una bella notizia. Marco mi informò che una solista della Scala si sarebbe prestata a sostituire Sabrina. Era Laura Caccialanza, una bravissima danzatrice e una persona meravigliosa nonché una mamma, che avevo conosciuto qualche settimana prima durante una cena. Ha avuto due bambine dal marito, Nino Sutera, primo ballerino della Scala.

Quando Laura arrivò a Vigevano, intorno alle quattro del pomeriggio, la prima cosa che notammo tutti fu il terrore nei suoi occhi. In pochissime ore avrebbe dovuto imparare un'intera coreografia e una serie di altre entrate. Se fosse stata rilassata avrei avuto timore, ma la sua paura fu costruttiva: da quell'istante seppi che sarebbe stata magnifica.

Cominciammo le prove senza perdere tempo. Fortunatamente la sala danza si trova sopra il teatro. Mentre Marco si occupava delle luci, Laura e io provammo e riprovammo il *pas de deux*. Per questione di tempo siamo state costrette a eliminare il *pas de trois* che, originariamente, danzavo con Lara e Sabrina, sulla musica di Alberto Traversi. Alberto, grande musicista e compositore, nonché fidanzato di Lara, aveva creato due musiche inedite per il nostro spettacolo. Le prove andarono benissimo: Laura e io riuscimmo a entrare in sintonia e questo ci infuse un po' di tranquillità, che non guastò.

Con un po' di ritardo, tutto era pronto. Mi preparai velocemente e in pochi istanti ci trovammo tutti dietro le quinte. Cercai con lo sguardo i miei amici danzatori e in un attimo mi sentii più rilassata. Anche quest'anno il teatro era pieno, e quella era una grande soddisfazione, sia per noi sia per gli organizzatori.

Il sipario si aprì. Ero nervosissima all'idea di danzare con Oriella, ma nel momento in cui incontrai il suo sguardo la preoccupazione svanì. Quando Marco e Salvo entrarono in scena, noi volteggiavamo leggere e la magia ebbe inizio. Salvo mi sollevò e mi posò sulla sua spalla sinistra, Marco posò Oriella sulla sua spalla destra. Rivolta verso il fondale, vidi apparire davanti a me la proiezione di un mio quadro, e tutto sembrò acquisire il senso che cercavo. I miei dipinti scandivano il susseguirsi dei balletti, aiutando lo spettatore a provare i sentimenti che interpretavamo.

Il balletto con Laura stava per iniziare. Dall'altro lato del palco, la guardai da dietro una quinta mentre, tesa, riprovava i passi. Alle prime note entrò in scena. Il suo volto era splendido. L'emozione era già sul palcoscenico e a noi non restò che andarle incontro, assorbirla e farla nostra.

Laura, la mamma, la danzatrice, era davanti a me. In lei scorsi anche un po' di Sabrina. Danzai con lei e tutto il mondo sembrò sparire. "Ave Maria, adesso che sei donna, Ave alle donne come te, Maria / Femmine un giorno per un nuovo amore, povero o ricco, umile o messia / Femmine un giorno e poi madri per sempre, nella stagione che stagioni non sente." A queste parole di De André l'unione fu completa: il significato della canzone riluceva nelle movenze di Laura, che stava danzando la sua gioia di essere madre, e io danzavo con lei. In fondo al mio cuore spero, un giorno, di poter avere anch'io questo privilegio.

La musica finì e il nostro abbraccio fu dolce come quelle note. Saremmo volute rimanere lì, allacciate, ma non c'era tempo, le emozioni da vivere e da condividere erano tante, e io mi chiesi se sarei stata in grado di interpretarle tutte appieno.

La risposta non tardò ad arrivare. Era il momento di un altro balletto e altri brividi erano pronti ad assalirmi. Danzai con Eloisa, Giusy e Mariacristina e mi sentii a casa. Quando Salvo comparve sul palco ci fondemmo in una danza di gesti e movimenti che ispirarono tutto il suo essere. La profondità di un'anima speciale era presente davanti agli spettatori e sembrava quasi impossibile riuscire ad andare oltre. Marco calcò la scena con la forza di un animale selvaggio. Tutta quella passione fu contagiosa e lasciai che mi pervadesse completamente. Ci abbandonammo a quell'energia magnifica, e fu magia.

Quando Lara entrò in scena, il tempo si fermò. Lei rappresentava la paura e la sua straordinaria presenza scenica fece scaturire un turbinio di tumulti che condividemmo tutti, entrando e uscendo dal palco. La musica di Alberto Traversi era perfetta.

La seconda parte dello spettacolo volò via leggera e quando arrivammo al finale sembrava che mancasse ancora qualcosa. Rimasi con il fiato sospeso e, quando le luci si spensero, fui costretta a uscire. Non avrei voluto lasciare quel palco, avrei voluto ricominciare tutto daccapo. Quegli abbracci, quei gesti e quei movimenti erano ancora talmente dentro di me che mi sembrava di continuare a danzare. Ma arrivò il momento dei saluti. Mi chiesero di dire due parole e, prima, mi lasciai andare a un sospiro. Ero realmente commossa, come non mi succedeva da tempo. Ringraziai tutte le persone che mi erano state vicine nei mesi precedenti e chi aveva condiviso con me tutto quel lavoro. Mi girai e guardai i miei colleghi danzatori, ma vidi solo amici speciali. Un nodo alla gola tentò di bloccarmi le parole, ma la voglia di ringraziarli era talmente forte che andai avanti spedita. Quello non era il mio spettacolo, era il nostro. Avevo ricominciato da *Me* attraverso e insieme a loro. Quella sensazione aveva reso tutto prezioso. Danza, pittura, forza e gioia erano sul palco e avevano ballato insieme a noi. Noi non avevamo fatto altro che lasciare che tali elementi prendessero forma. Noi non avevamo fatto altro che danzare la vita.

Non è retorica. La vita *è* una danza.

Il coreografo mi ha fatto entrare in scena in maniera rocambolesca, il resto del cast non lo sapeva e si sono un po' spaventati, lì per lì, poi mi hanno fatto spazio e sono diventata una ballerina anch'io.

Come tutti, ho i miei punti forti e i miei punti deboli, e a furia di danzare ho scoperto perfettamente quali sono. Sono come Sansone, ho la forza nei capelli, e come mio nonno, ho la forza nel sorriso. Sono come un calabrone, volo anche se non ho le ali e, come Anna, mi metto scarpette rosa alla faccia dei busti ortopedici. Vado in altalena e mi scapicollo a istinto, come mia madre, e poi ho bisogno di silenzio, come mio padre. Non mi arrabbio quasi mai, ma per quello c'è Andrea.

Sono felice, smodatamente, spudoratamente felice. Ed è una gioia raccontarla, questa mia felicità.

Il mio punto debole è che, dopo aver tanto ballato, dipinto e parlato, mi sento come svuotata. Mi sento fragile, esposta. E anche se non vorrei mai scendere dal palco, non vorrei mai finire una tela, non vorrei mai smettere di chiacchierare, devo farlo, altrimenti potrei disperdermi negli occhi altrui. E non sarei più io, Simona.

Quando viene quel momento, mi inchino. Mi inchino profondamente, a ringraziare quanti mi hanno dedicato tempo e cuore. Sento i capelli scivolare lungo la schiena e arrivare a terra, il respiro farsi più regolare, e vedo i miei piedi.

Allora comincio a immaginare un nuovo sogno.

Ringraziamenti

Quanti sono i volti che ho incontrato, quante le emozioni condivise, quante le sfumature che si sono mescolate per dare vita agli incontri... Nulla è casuale, tutto ha un senso: ogni sguardo, ogni sospiro, ogni vibrazione trova il suo posto dentro di noi.

Dire grazie è un gesto d'affetto. Quando pronuncio questa parola, "grazie", la bocca mi si riempie fino a lasciare le labbra ferme in un sorriso. Dico grazie e sorrido a tutti i mondi che ho abbracciato, a quelli che ho solo sfiorato e a tutti quelli che incontrerò...

Grazie a tutte le persone che hanno arricchito di gioia e di nuove esperienze la mia vita e hanno contribuito a renderla così speciale.

Grazie alla mia famiglia, per avermi dato gli strumenti per essere quella che sono.

Grazie a Rosanna e Gianfranco, per avermi accolta nella loro famiglia con affetto e per il loro sostegno così prezioso.

Grazie ai miei amici.

– ad Alessandra, per la nostra amicizia semplice e sincera, nata senza nessuna aspettativa per poi trasformarsi in un sentimento forte e speciale, e perché insieme a Davide è sempre presente in tutti i momenti importanti della mia vita;

– a Francesca, perché insieme siamo diventate adulte e perché la nostra amicizia non conosce distanze, e al piccolo Davide che l'ha resa ancora più splendida;

– a Lorella, i nostri ricordi ci accompagneranno per sempre e il nostro "essere pazzerelle" è la ricchezza che ci terrà sempre unite;

– a Manuela, per aver condiviso con me momenti belli e momenti difficili, per saperci essere quando ho bisogno, per sapermi offrire un sorriso e una spalla su cui piangere;

– a Roberta, perché insieme siamo cresciute e abbiamo imparato ad amare la danza;

– a Emanuele, perché dalle nostre chiacchierate su quel prato in Canada abbiamo ricominciato a vivere;

– a Elena, perché dal cielo continua a sorridere;

– ad Antonella e Paolo e a tutto il Centro Arte Danza, per l'amicizia dentro e fuori dalla danza;

– a Marco Messina, perché il suo sostegno, il suo aiuto e la sua danza sono un dono grande della vita, e per essere un amico davvero speciale;

– a Salvatore Perdichizzi, per l'emozione di condividere esperienze uniche nella danza e nella vita e perché i momenti di divertimento insieme sono una parte fondamentale della mia vita.

Grazie alle amiche del forum, per merito delle quali ho superato tante difficoltà e con le quali ho condiviso tante conquiste.

Grazie a tutti coloro che hanno condiviso con me l'infanzia e il percorso del mio crescere.

Grazie alla maestra Claudia, per essere stata una sensibile e amorevole insegnante di scuola di vita.

Grazie agli amori, sfiorati, vissuti e passati.

Grazie a tutti gli amici di *E li chiamano disabili*:

– a Candido Cannavò, per avermi raccontata come forse nemmeno io so fare e per aver sempre apprezzato e valorizzato la mia arte: non lo dimenticherò mai;

– a Felice Tagliaferri, per avermi insegnato a vedere realmente e per condividere con me le grandi gioie della vita. A Gabriella e al piccolo Alberto, il suo vero e grande capolavoro;

– a Paolo Anibaldi e alla sua famiglia, per il loro affetto.

Grazie a tutte le persone conosciute attraverso la pittura:

– a Mario Barzon. Essere la sua "pupilla" è sempre stata una grande gioia, il nostro incontro ha segnato davvero la mia vita;

– a Carla, Angelo, Angela, Daniela, per avermi trasmesso tutto il loro amore per l'arte e per avermi dato i mezzi per esprimere tutto ciò che avevo dentro;

– a tutta la VDMFK e ai grandi artisti che ho avuto l'onore di incontrare;

– alla SPAM di Verona, a Giovanni Iachelli e a tutta la famiglia per il loro sostegno e affetto.

Grazie al mio amico Luca Bucchi, perché la nostra amicizia è speciale e vola alta nel cielo anche con l'aiuto del nostro pilota.

Grazie agli amici del Canada, con cui ho condiviso momenti importanti di crescita e di arte.

Grazie alla preside Madeline Lennon e a tutti i professori e amici della University of Western Ontario.

Grazie a tutte le persone con cui ho danzato e collaborato, alle mie maestre e ai coreografi e a quanti ho incontrato nel mondo della danza.

Grazie a tutti gli straordinari partner con cui ho danzato:

– a Marco Barbieri e Pilar Murube, perché ho vissuto con loro la prima esperienza importante in Germania e in Olanda e non la dimenticherò mai;

– ad Americo di Francesco, con cui è stato un piacere condividere emozioni davvero forti;

– a Luca Alberti, per aver sognato con me un sogno impossibile;

– a José Luis Sultán, il mio "fratellone" che mi ha insegnato la purezza e la forza della danza;

– a tutti gli amici danzatori dello spettacolo *Rockquiem*, con cui ho condiviso momenti unici;

– a Marco Pierin: è stato un grande onore danzare con un'étoile e scoprire poi una bella anima;

– a Silvio Oddi. Danzare con lui è stata un'esperienza vibrante come la sua splendida personalità;

– a Vito Alfarano. La sua dolcezza e amicizia sono un ricordo lieve e intenso che custodisco dentro di me;

– a Franca Roberto, per la gioia di danzare con una grande ballerina e una grande donna che stimo dal profondo;

– a Sabrina Brazzo; per aver condiviso momenti intensi di profonda amicizia e perché poter sfiorare la sua anima così speciale attraverso la magia della sua danza è un dono che terrò sempre con me. Perché quel viaggio a Lourdes è stato un momento che ha arricchito la nostra vita;

– a Oriella Dorella, una grande étoile, una grande donna e una grande artista con cui ho avuto l'onore di danzare e di condividere la nascita di un sogno: lo spettacolo *Me*.

Grazie a tutti i ragazzi che hanno fatto parte del Pescara Dance Festival, per aver condiviso con me l'amore per la danza.

Grazie a Martina Scuderi: vederla crescere come donna e come danzatrice è stato un regalo che non dimenticherò, perché l'amicizia tra noi e le nostre famiglie non finirà mai.

Grazie a Francesca Figliola, perché il ricordo della nostra danza insieme è e rimarrà sempre dentro di me.

Grazie a Nyreen Di Sante, per i momenti speciali vissuti insieme e per l'affetto anche della sua famiglia.

Grazie a Mariacristina Paolini, perché in questi anni di danza e di vita insieme abbiamo imparato a volerci bene e perché vederla diventare donna è per me una gioia enorme. Alla sua famiglia per il loro affetto e per la condivisione delle nostre grandi gioie.

Grazie a Eloisa Milletti e alla sua famiglia, per la loro grande amicizia e la loro disponibilità disarmante.

Grazie a Giusy Sprovieri, perché in poco tempo abbiamo condiviso tante esperienze incredibili che ci hanno fatto crescere e ci hanno unite in un'amicizia e in un affetto speciali.

Grazie agli amici danzatori del Teatro alla Scala di Milano per avermi concesso l'onore di danzare con loro: Antonella Albano, Laura Caccialanza, Maurizio Licitra, Lara Montanaro, Andrea Volpintesta e Mick Zeni.

Un ringraziamento speciale a tutti gli artisti che hanno ricevuto il premio Atzori dal 2002 al 2010: Luciana Savignano, Micha Van Hoecke, Carolyn Carlson, Vladimir Vasiliev, Carla Fracci, Liliana Cosi, Vladimir Derevianko, Oriella Dorella, Roberto Bolle e Sabrina Brazzo.

Grazie a tutti i favolosi danzatori con cui ho danzato nella trasmissione *Amore* di Raffaella Carrà, per il loro sostegno e aiuto e per aver reso quell'esperienza magica; grazie a Raffaella per avermi fortemente voluta e valorizzata come artista e come danzatrice.

Grazie alla Fondazione Fontana e alla Saint Martin CSA per avermi dato la possibilità di tuffarmi nelle profondità dell'umanità.

Grazie a don Gabriele, per avermi consentito di scoprire un uomo straordinario che vive la vita attraverso il Vangelo e lo rende concreto e vibrante per tutte le persone che hanno la fortuna di conoscerlo.

Grazie a Luca Ramigni, perché la sua solarità e allegria hanno reso la nostra esperienza in Kenya indimenticabile.

Grazie a Pierino Martinelli, per la sua professionalità e serietà nel suo prezioso lavoro alla Fondazione Fontana.

Grazie a tutta la Saint Martin CSA, per il loro cuore.

Grazie a padre Alessandro, a suor Armanda e agli amici frati minori delle Marche per la loro amicizia profonda e speciale.

Grazie a tutti i preti, i sacerdoti e gli amici religiosi incontrati sul mio cammino.

Infine, grazie a tutte le persone che hanno creduto in me e che mi hanno sostenuto per la realizzazione di questo libro.

Grazie a Francesca Parravicini per essere entrata così profondamente nella mia vita e per avermi aiutato a trasformare le mie parole in un libro.

Grazie a Gabriele Rigon per la sua amicizia, per aver saputo dar vita a forti emozioni con la sua fotografia e perché le sue copertine portano tanta fortuna.

Arnoldo Mondadori Editore S.p.A.

Questo volume è stato stampato
presso ELCOGRAF S.p.A.
Stabilimento - Cles (TN)

Stampato in Italia - Printed in Italy